일본 국어교과서의 전후사

저자 사토 이즈미(佐藤泉)

역자 신지숙

제이앤씨
Publishing Company

들어가는 말

이 책에서는 '국어(國語)' 교과서를 소재로 하여 '전후 60년'을 조망해보고자 한다. 교과서가 어떤 것인가는 누구나 잘 알고 있다. 그러나 그 경우 우리들은 자신이 과거에 사용했던(혹은 지금 사용하고 있는) 교과서에 의해 교과서 전체에 대한 이미지를 가지고 있는지도 모른다. 그 때 잘 보이지 않는 것은 전후라고 하는 시간의 흐름에 따라 교과서가 크게 변화해 왔다는 역사성이다. 여기에서는 잘 보이지 않는 곳에 빛을 비추어보고 싶다. 거기에는 도대체 어떤 풍경이 펼쳐질 것인가?

대략적으로 조금 과장해서 이야기한다면 그것은 하나의 전후사를 쓰는 작업이다. 다만, 어떠한 전후사인가라고 묻는다면 쉽게 설명하기는 어렵다. 학교 교과로서의 국어는 어느 시기부터 기본적으로 언어교육으로 정의되었다. 그럼에도 불구하고 국어는 언제나 그 정의에서 벗어나려고 한다. 중립적으로 말을 배울 때조차 언어가 언어인 이상, 교재가 된 문장은 의미를 갖게 되며, 무의미한 글이 교재로 된 경우에도 그 시비는 차치하더라도, 다른 차원에서 그것은 탈의미화라고 하는 하나의 가치를 사회와 미래를 향해 던지는 발화(發話)행위로서 적극적으로 기능할 수도 있을 것이다.

전후의 국어교과서는 각 시대가 만들어 낸 이념이나 교육제도, 그 배경을 이루는 정치동향이나 그 밖의 다양한 차원의 의미영역과 관계를 맺으면서 변화해 왔다. 따라서 이 전후사에 관한 시도는 어느 정도는 문학사(文學史)이며, 문학사 자체가 변화해 가는 역사이고, 시대적 이념의 형성사이기도 하며, 또 교육제도사, 주체의 모델변화의 역사이기도 하다. 그 외에도 다양한 영역의 역사적 변화에 대한 관심을 조금씩이라도 다루게 될 것이다. 사회가 변화하고, 교과서가 변화함에 따라 이 책에서 다루어야 할 영역과 문제분야(問題系)도 이동한다.

　패전 후 한동안 고교 국어교과서에는 방대한 양의 문학교육 교재가 수록되어 있었다. 당시 문학은 민주화나 세계보편성, 인간성이라고 하는 일련의 전후적인 이념을 대변할 수 있었기 때문이다. 또한 동시에 문학의 역사도 이 시기에는 근대시민사회를 최종목표로 한 목적론적인 역사의 대체물로서 기능하고 있었다. 그러나 얼마 지나지 않아 이러한 보편주의적인 이념이나 역사 모델은 후퇴하고 그것을 대신하여 부상한 국가나 개인이라고 하는 관념이 교과서의 담론을 총괄하는 기초단위로 기능하게 된다. 이러한 움직임에 초점을 맞춘다면 문학사가 시대와 함께 변화해 간 역사를 볼 수 있다. 그리고 문학사적인 언설(言說)이 나중에 퇴장하게 되는 경위도 알 수가 있다.

　60년대의 고도성장기가 되면 교육이 경제와 접합되어 교육이라고 하는 것의 위치, 교육을 이야기하는 언어(言葉) 그 자체가 총체적으로 교체된다. 그때 전후적 이념을 대변해왔던 문학의 언어도 국어교과서에서 퇴장하게 되는 것이다.

국어교과서는 교과서 그 자체가 하나의 역사적 이미지를 부여하는 매개이기도 했다. 60~70년대의 국어과(國語科)에는 '현대 국어'라고 하는 과목이 개설되어 3학년까지 각 학년에서 필수과목이 되어 있었다. 이것은 오로지 근대 이후의 문장만을 다루는 과목이다. 이 '현대 국어'와 고전(古典) 과목을 두 개로 크게 나누는 과목 편제는, 전통적인 것에서 몸을 떼어내어 공업화·근대화하는 것을 마다하지 않는 주체라고 하는, 당시 일본사회의 권장모델과 불가분의 관계였다. 그러나 80년대가 되자 과목이 재편되어 고전과 현대문이 다시 한 권의 교과서에 동거하게 된다. 경제대국으로서 구조화되는 사회, 혹은 글로벌화에 대응하여 구조화되는 사회 속에서 '근대'나 '전통적인 것'의 의미도 또한 크게 선회(旋回)하게 되는 것이다.

국어교과서는 이러한 변화를 단적으로 가시화하고 있지만, 가시적이라고 한다면 80년대 말에 등장하는 국배판의 컬러풀한 교과서는 자유화·규제완화라고 하는 신자유주의적인 가치관을 단적으로 제시하고 있다고 말할 수 있을 것이다. 물론 색깔이나 종이의 감촉은 보다 근본적인 변동의 징후이며, 이러한 교과서를 손에 들어야 하는 주체들도 대응하는 형태로 상정되어 적절하게 재성형되어 간다. 그 통로 그 과정의 세부적인 것까지도 우리들은 가능하다면 정확하게 의식화해 두어야 한다고 생각한다.

교재의 내용, 과목의 편제, 교과서의 색깔이나 감촉, 이 각각을 말하기 위해서는 각각 다른 문제분야의 서술에 의하지 않으면 안 된다. 그러한 의미에서 이 책의 비통일 그 자체로부터 전후사회의 변용을 헤아려 이해해주길 기대한다. 교재의 내용에만 시선을 고정하면 그 대신 교과서의 색깔이나 권두화(卷頭畵) 등 다른 실천분야가 보이지 않게 된다. 교육제도사에 시선을 고정하면 언어의식의 재정의 등의 문제분야를 빠트리게 될 것이다. 우리들은 언제나 그렇게 해서 결국 많은 문제를 놓치게 되지만, 가능하다면 중요한 것이 무엇인가를 끝까지 보는 힘을 갖고 싶다고 생각한다.

학교에서의 국어시간은 어딘가 장황했었다는 생각이 든다. 국어는 교실이나 교과서에서 처음 배우는 것이 아니다. 조심스럽게 이야기해도 국어시간에 배우는 내용은 일상적인 회화나 독서를 통해 습득하는 전체 지식 중 극히 일부에 지나지 않는다. 기억에 의지해 이야기한다면, 학생들은 보통 국어 시험공부는 하지 않았다. 그렇다면 학교 교과로서의 국어과의 존재이유는 도대체 무엇인가? 아마도 국어는 언어적 주체와 사회와의 관계를 공적(公的)으로 정의하는 것이었다고 생각한다. 어디까지나 공식적으로이다. 공식적이지 않은 통로를 통한 관계는 언제나 가능하며, 그것이 반대로 공적인 것에게 재정의를 요구하는 일 또한 언제나 일어날 수 있다.

단 교과서의 광범위한 영향력, 공적 정의의 영향력을 경시할 수는 없다. 학교 교과로서의 국어는 국가어(國家語)라는 의미의 '국어(國語)'를 정의해 왔다. 자신의 말을 '국어'로 재인식하기 때문에 국어는 역시 사회통합의 주축으로서 상징적 의미를 가졌을 것이다. 그것은 명백하지만 잘 보이지 않는 문제와 관련되어 있다. 국어교과서를 통해 사회의 변용을 비추어내려는 시도에는 거기에 비집고 들어가기 위한 입구를 찾고 싶다는 목적도 포함되어 있다.

목
차

제1장

'문학'이라고 하는 이념

전후 초기 Ⅰ

1. '문학'이라고 하는 이념

1) 문학 교육의 전성시대

1952년에 사용이 개시된 고등학교 국어교과서 『새 국어(개정판) 문학 3』의 첫머리에는 'Ⅰ 세계로 향하는 창'이라는 단원이 배치되어 있다. 이어서 'Ⅱ 소설의 특질' 'Ⅲ 평론의 정신' 'Ⅳ 동서의 문학' 'Ⅴ 예술의 세계' 'Ⅵ 문학의 본질' 등의 단원이 나오는데 이들 단원의 제목에서 읽어낼 수 있는 것은 이 교과서가 전면적으로 문학 교육을 위한 교과서였다는 사실이다. 『새 국어 문학』이라는 제목 그대로의 내용이다. 이 책의 방향을 제시하듯이 첫머리에 놓인 것이 '세계로 향하는 창'이었다. 전후 초기의 공교육이 정의한 '문학'은 세계성·보편성을 지향하는 장대한 관념이었다.

'단원'을 내세워 교재를 편집하는 방식은 전후 초기에 시작된 새로운 방법론이다. 전전의 국정교과서 대신 검정제도가 정해지고 민간 교과서 회사가 교과서 마케팅에 진입하게 되면서 단원을 정한다는 편집 방법이 도입되었다. 민간 회사의 교과서가 등장하기 전 잠시 문부성 저작 교과서가 사용되었는데 그 교과서는 단순히 교재를 나열해두고 소재 스스로가 말하게 하는 방식이어서 체제로 볼 때는 매우 무뚝뚝한 책이었다. 전후 교과서의 자유 경쟁 시장은 그 점에서 볼 때 다양한 착상과 도전을 낳았다고 할 수 있다. 물론 교육이 거대 시장으로서 의식되게 된 것은 1955년 들어 고교 진학률이 급속하게 상승한 이후이다. 시장이라는 의식이 도입되자 교과서 의혹이 화제가 되었으며, 또 현재진행형인 신자유주의적인 '개혁'의 문맥에서 교과서뿐만 아니라 교육 그자체가 '서비스' 즉 사고팔 수 있는 것으로 이해되게 되면 교육을 지탱하는 평등과 공공성의 이념 자체가 서서히 무너져 가게도 되는 것인데 이것은 국어교과서의 전후를 짚어가는 이 책의 마지막에서 다시 문제로 삼겠다. 아무튼 전후 초기의 단계에서 단원이라는 발상이 도입되자 교과서 편자는 스스로의 이상·이념을 단원 구성에 의해 표현할 수 있게 되었고 그 이념 하에 적절한 교재를 선택하여 배치할 수 있게 되었다. 교과서는 지극히 웅변적으로 이상을 이야기할 수 있었다.

산세이도(三省堂)의 『새 국어』라는 교과서는 이 시기 분책 형식을 취했다. '언어생활 자체를 도야하는 분과'와 '문학 중심의 일반문화 교양을 목적으로 하는 분과' 이 두 가지를 확립하기 위해 각각의 목적을 『새 국어 언어생활(新国語 ことばの生活)』, 『새 국어 우리들의 독서(新国語 われらの読書)』의 2분책으로 나누었다(1949년 검정, 다음 해 사용 개시. 이하 특별한 경우를 제외하고는 검정년도만 표기하겠다). 이것이 다시 개정되어(51년) 각각 『새 국어 언어(新国語 言語)』『새 국어 문학(新国語 文学)』으로 바뀌었다. 2분책 형식은 그 후 1957년에 『새 국어 종합(新国語 総合)』으로 통합되면서 사라진다. 산세이도에서는 분책 형식인 『새 국어』와 병행하여 1책으로만 된 『고등 국어』도 발행했다. 이념이나 제도뿐 아니라 교과서라는 현장 사용품의 레벨에서도 전후 교육은 다양한 가능성을 모색했다.

한편, 개정 전의『새 국어 우리들의 독서』가『새 국어 문학』으로 바뀌며 문학적 교재가 중심에 놓이게 되었다. 이 시점에서 독서＝문학 독서가 된 것인데 이것은 물론 자명한 것은 아니다. 학교 교과로서의 국어가 바로 문학 교육을 의미한 것은 이 시기의 독특한 현상이다. 80년대의 학습지도요령은 국어과에 대해 '언어 교육으로서의 입장'을 주창하고 있으며 그 이전인 60년대 70년대의 교과서에서도 자연 과학이나 미디어에 관한 평론 등 다양한 테마를 다룬 교재가 등장한다. 1980년 전후에 고등학교에 다닌 필자에게도 국어교과서는 그런 것이었다. 전후 초기의 문학 공세는 실로 압도적이다. 물론『언어』분책과의 사이에 역할분담이 이뤄졌기 때문인데 그렇기 때문에 또한 이 교과서에서는 문학이 거침없이 전면화할 수 있었다.

여기에 교재로 등장하는 것은 시나 소설 등의 작품만이 아니다. 무엇보다도 여기에는 '문학' 그 자체, 즉 개개의 문학 작품에 가치를 부여하고 그것들을 문학으로 만드는 신념의 체계로서의 '문학'이라는 것이 확연하게 드러나 있었다. 구체적으로는 문학사와 문학 이론, 문학 평론 등 문학 그 자체에 대해 언급하는 언설, 메타문학적 언설이 교재로서 만재되어 있었다.

2) '문학'과 '세계'

이 시기의 국어교과서를 보면 전후 초기의 사회가 문학에 얼마나 높은 평가를 부여하고 있었는지를 엿볼 수 있다. 이 경우의 '문학'은 현대의 그것과 같은 것이라고는 말할 수 없다. 어쩌면 '문학'

을 둘러싼 신념의 체계, 어쩌면 실천계의 총체가 현재와는 이질적이다. 그렇다면 그것은 어떠한 신념이었는가?

우선 첫 단원명으로 제시된 '세계로 향하는 창'이라는 말의 상징성을 독해해 보자. 전후 초기의 공교육 속에서 '문학'은 세계성, 인간성 등 일련의 보편주의적인 단어와 연결되는 숭고한 관념으로, 사적인 취미·오락의 하나가 아니었다. 이 '문학'은 60년대 이후의 그것과 동음이의어라고 말해도 좋다.

『새 국어 문학』에는 각 단원이 어떤 취지로 설정되었는지 각각의 목표를 나타내는 '단원 요지 일람표'가 가장 앞에 제시되어 있다. 'Ⅰ 세계로 향하는 창'의 단원 요지에는 다음과 같은 이념이 제시되어 있다.

국가가 있고 민족이 있습니다. 그 문화는 각각 독자적인 정신과 모습을 갖고 있습니다. 그러나 독자적이라는 것은 그 속에 틀어박혀 버리는 것과는 다릅니다. 각각의 특색을 발휘하며 세계와 인류를 향해 자라 가야 합니다. 개인이 지역적 사회나 국가에 순응하고 제약을 받으며 그 사회성을 통하여 세계성에 참여할 수 있다는 데에 민주주의의 정신이 있으며, 동시에 문화 특히 문학은 개인이 내부와 외부를 향하여 열려 있고 그 열려 있는 개인의 자유를 서로 존중하는 사회성에 의해서 세계·인류 위에 성립하는 기반을 갖고 있습니다. 그것을 휴머니즘이라고 해도 될 것입니다. 본질적인 존재가 되려고 하는 것이 모든 것의 기초입니다.

'세계' '인류'와 함께 '민주주의', '휴머니즘'이라는 단어를 포진시켜 개인이라는 극소 단위는 보편적인 인간성(휴머니즘)을 분배 받음으로써 세계 인류라는 극대의 단위와 나란히 설 수 있다는 논리를 제시한다. 전전의 국민에게 전체였던 국가·민족이라는 틀을 상대화하는 이 이론을 가능하게 한 것이 '세계'라는 이미지이다. '민주주의'가 바로 세계성에 참여하는 정신이라는 설명은 조금 황당하다는 인상을 준다. 하지만 민주주의에 의한 세계성의 획득이라는 시점은 다국적기업의 논리가 아닌 또 다른 지구화＝세계화의 가능성을 향한 발상 전환을 촉구하는 것인지도 모른다. 또 민주주의 그 자체의 재정의에 관해 국민이 아닌 개인을 기초로 하는 시점, 그 개인을 세계로 접속시키는 논리는 사고의 통로로서 일정한 매력을 갖는다. 적어도 '민주주의'는 대의제나 다수결에 의한 의사 결정이라는 형식 민주주의의 제도만을 의미하지는 않았다. 다소 황당한 정의이기는 하나 전후 시발 시점의 민주주의는 절차가 아니라 사상으로서 제시되고 있음을 알 수 있다. 진정한 민주주의 혁명을 가능하게 하는 것은 제도 이전의 정신의 형태라는 메시지가 교과서를 매개로 하여 광범위하게 확산되어 있었다. '전후 민주주의'가 냉소적으로 이야기되게 되는 것은 더 후의 일이다.

  개인은 사회나 국가를 통해 세계에 참여한다. 이 보편주의적인 이념 하에 국어교과서는 개인이 어떤 주체가 되어야 하는지 이야기한다. 당시의 '문학'은 주체 형성의 수로(水路), 즉 문학 그 자체를 목적으로 하는 문학이 아니다. 역설적이나 바로 그 때문에 이 시기의 교과서는 철저하게 문학 교육을 행할 수가 있었다. 각 시기의 사회에서 문학이 차지하는 가치 비중을 생각해보면 곧잘 이 역설에 마주친다. 문학이 무언가 다른 목적을 가질 때 문학은 사회적으로 중요시된다. 역으로 문학이 문학 자체를 목적으로 하여 자율성을 주장할 때 문학은 자신을 자신 속에 가둔다.

『새 국어 문학』은 최종 학년 거의 끝 단원에서 "마음의 문제로서의 문학 그 자체가 인간의 모든 영위의 근저에 있다는 것은 이미 이해했을 것입니다"라고 최종 확인처럼 이야기하는데 여기서 말하는 '문학'은 개개의 작품이나 그 집적을 의미하는 것이 아니다. 인간 정신의 보편성은 문학에 의해 증명되는 것이며 인간인 이상은 누구나 마음속에 문학을 지니고 있다.

세계의 문학으로. 얼마나 곤란한 길일까요? 그러나 아연실색해서는 안 됩니다. 불가능하지는 않습니다. 인종이 달라도 인간으로서는 본질적으로 통하는 것이 있듯이 문학도 특수한 제약이나 장애를 넘어서 서로 이해할 수 있는 것입니다. 이것만은 믿어야 합니다. 문학이야말로 인간의 마음의 문제이기 때문입니다.

― Ⅳ 동서의 문학

드디어 마지막 단원에 왔습니다. 모든 것을 종합하고 나아가 미래를 위한 기초로 삼아야 하는 때입니다. 문학이란 무엇인가? 처음부터 막연히 추구해 온 문제입니다. 우리의 생활에 입각하여 느끼고 생각하고 읽고 맛보고 연구해 왔습니다. 많은 문제가 부착되어 있었습니다. 어느 정도는 분명해졌을지도 모릅니다. 어쩌면 더 모르게 되었을지도 모릅니다. 그러나 어느 쪽이든 괜찮습니다. 확실히 성장해 온 것입니다. 스스로 생각하고 또 물어도 봅시다. 길은 앞으로 열릴 겁니다.

　　　　　　　　　　　　　　　　　— Ⅵ 문학의 본질

　문학＝인간 정신의 본질에 이르는 노정은 멀고 곤란하지만 길을 잃지는 않는다, 문학은 보편성에 이르는 통로인 것이다. 이렇게 고등학교 학생들의 주체성을 이전의 국가주의에서 민주주의로 방향 전환하기 위해 도입된 키워드가 보편적인 인간성이었다. 보편적인 인간성의 이념은 "이것만은 믿어야 합니다"라는 최저 마지노선의 강령이다. '우리들'의 주체성은 국경에 부딪히면 멈춰 서는 그런 것이면 안 되는데 그 보편성이 깃드는 곳이 세계의 문학 작품이었다. '개인'이라는 지극히 작은 단위와 '세계'라는 지극히 큰 단위를 매개하는 회로가 되는 것이 보편적인 인간성에 지탱된 문학이다. 이것은 고등학교 3학년의 마지막 단원의 목표인데 그렇다면 이런 총괄에 이르기 전에 거치는 1학년과 2학년의 단원을 보자.

3) 학년별 메시지
　우선 『새 국어(개정판) 문학 1』의 첫 단원 'Ⅰ 새로운 길'의 단원 요지는 다음과 같다.

국어과에서는 문학을 무엇을 위해 학습하는 것일까요? 또 문학 학습에서 처음에 가장 중요한 것은 무엇일까요? 여기서는 먼저 그것에 대해서 눈을 뜹시다. 문학의 근저에는 자아에 눈뜨고자 하는 자유로운 개인이 있어야 합니다. 생활에 대한 진지한 의욕이 있어야만 자신을 풍요롭게도 순수하게도 할 수 있고 또 생활을 합리적으로 바꿀 수도 있습니다. 문학에 국한된 것은 아니지만 영혼의 자유를 존숭하는 문학에서는 이 점이 특별히 중요한 의미를 갖습니다. 이번 학년 내내 이 마음가짐을 갖고자 합니다. 날마다 새로운 자신을 만들려고 하는 의욕을 가지고 인생을 대하는 것에서부터 시작합시다.

이렇게 1학년에서는 '자유로운 개인'이 되는 것을 첫 '마음가짐'으로 내걸고, 이하 단원에서는 'II 시' 'III 단편소설' 'IV 일기와 수필' 'V 전기' 'VI 영화와 연극'과 같이 문학·예술의 여러 장르를 축으로 교재가 편집되어 있다. 여기서도 각 장르에 속하는 작품이 그저 나열되는 것이 아니라 "문학 중에서 가장 순수한 것이 시라고 일컬어집니다" "장편소설에 비교하면 단편소설은 마치 주옥과도 같은 것입니다" "일기나 수필은 전부가 전부 문학작품인 것은 아닙니다만 어느 작품이든지 문학적인 요소를 갖고는 있습니다" "영화나 연극은 각기 하나의 예술 형식입니다" 등등으로 시작하는 친절한 해설이 붙어 있다. 각 장르에는 고유의 특징이 있다, 그러나 어느 장르나 '영혼의 자유를 존숭하는 문학'에 속하며 그 때문에 개인의 확립을 위한 수로가 될 수 있다는 것이다.

2학년의 교과서 『새 국어(개정판) 문학 2』의 첫 단원은 'Ⅰ 민주적 사회로'라는 제목이다. 1학년의 개인에 이어서 제시되는 것은 '사회'라는 주체성의 틀이다.

개인은 자유로운 한 사람이지만 사회적, 역사적 존재이기도 합니다. 우리가 보다 좋은 사회를 만들기 위해서는 횡적으로는 타인을 자신과 동일하게 존중하는 것을 알아야 하고 종적으로는 오늘의 우리를 만들어준 선인(先人)들을 돌아보는 것을 배워야 합니다. 사회적 연대와 역사적 필연, 개인은 그 가운데에 살고 있습니다. 문학이 현실을 구체적인 형상으로 느끼고 생각하는 것인 이상 근본에 있어 남을 자신처럼 느끼고 과거를 현재처럼 생각하는 힘이 요구되는 것도 당연하겠지요. 게다가 문학 자신도 그것이 역사적 사회의식의 한 형태인 이상, 이러한 학습이 현재의 문학에서도 필요한 것입니다. 이것은 그대로 현재의 민주적 사회를 만들어 가는 근본적인 심정에 이어지지 않습니까?

이렇게 '개인'은 고립된 추상적인 개인이 아니라 특정 '사회' '역사' 속에 살며 그 문맥으로 규정되는 존재로 간주된다. 자유로운 개인됨을 목표로 한 1학년 때는 장르론, 양식론이라는 평면에서 문학이 이야기되었는데 2학년이 되면 '사회적' '역사적'인 문학성이 강조되고, 따라서 'Ⅱ 설화' 'Ⅲ 와카와 하이쿠' 'Ⅳ 근대시' 'Ⅴ 장편소설' 'Ⅵ 고전과 현대'와 같은 단원명이 나열된다. 나아가 3학년에서 개인은 사회를 통하여 세계로 통한다는 메시지가 게시되며 고등학교 전 과정을 수료한다. 전체상을 그린 후에 각 학년의 교과과정이 만들어진 것이다. 앞에서 보았듯이 『새 국어(개정판) 문학 3』은 첫 단원 'Ⅰ 세계로 향하는 창' 이하 'Ⅱ 소설의 특질' 'Ⅲ 평론의 정신' 외에 'Ⅳ 동서의 문학' 'Ⅴ 예술의 세계' 'Ⅵ 문학의 본질'이라는 보편적, 본질적 단원명으로 종합정리에 들어가려고 한다.

이상과 같이 전후 초기의 국어교과서는 세계 보편의 인간성, 민주주의, 근대적 주체＝자유로운 개인의 확립 등으로 요약되는 전후 계몽의 이념을 거의 완벽하게 공유하고 있다. 국어 시간은 이와 같은 지식인 대상의 언어들과 고등학생을 연결하는 회로가 되었다. 교과서뿐 아니라 이 시기에는 엄청난 수의 문학입문서가 간행되었는데 많은 책이 역시 이러한 고유의 내면을 갖는 근대적 주체의 윤곽을 문학을 통하여 이야기하는 것이었다. 국어교과서를 포함하여, 문학적 언설이라는 회로 없이 근대적 주체라는 지식인적 언설은 일정 이상의 확산을 기대하는 것은 곤란했을 것이며, 문학 쪽에서도 이러한 언설과 연결됨으로써 일종의 사회 참여가 가능했다. 이 유대가 끊어졌을 때 즉 '문학의 자율성'이 확보되었을 때 아이러니하게도 문학의 발언력, 영향력은 저하했다. 설령 타와 명백하게 구별되는 문학 언어의 동일성을 상정한다고 해도 그 동일성은 항상 다른 어느 영역과 경계를 접하는가에 의해 다시 정의되어 왔으며 따라서 결코 그 자체로서 자율적으로 결정되었던 것은 아니다.

2. 근대문학과 언어기술 교육

1) 교과서의 변천

패전한 해의 12월 초등학교(小学校. 전시 하에는 国民学校로 칭함) 어린이들은 국정교과서의 많은 부분에 먹칠을 하라는 지시를 받았다. 어린이들에게 충격적인 작업이었을 것이다. 전쟁 중의 교과서는 패전과 동시에 역할을 끝낸 것이 아니라 이런 형태로 전후 교육의 초기에 사용된 것이다. 교육 공백기를 만들 수는 없었기 때문이다. 이듬해 1946년에도 전후 체제가 안정되지 않아 그때 발행된 잠정교과서는 교과 내용이 인쇄된 커다란 종이를 학생 스스로 잘라내어 접어서 철한다고 하는 조잡한 것이었다. 패전 직후의 교육 현장은 혼란 그 자체였던 것인데 아무튼 1947년 4월부터 새 학제가 실시되어 6·3·3·4, 남녀공학, 이라는 단선형의 교육제도가 시작되었다. 교과서 검정제도도 이때 발족했다. 하지만 당초에는 민간 교과서가 아니라 문부성 저작 교과서가 사용되었고 이듬해에 교과용도서 검정 규칙, 교과용도서 검정 조사회가 조직되어 1949년도부터 사용될 교과서의 검정이 행해졌다. 이때 교과서 발행회사는 11개사, 그 중 고등학교 교과서를 취급한 회사는 교육도서(教育図書), 산세이도(三省堂), 슈에이출판(秀英出版), 세이조국문학회(成城国文学会)의 4개사였다. 1950년 당시 고교에 진학하는 학생 비율은 42.5%(남자 48.0%, 여자 36.7%)로, 반수 이상이 중학교

졸업으로 학력을 끝냈다. 교과서가 유망한 시장으로 인식되어 판매 경쟁이 격화되는 것은 1955년 이후의 일이다.

전후 초창기의 고교 국어교과서에는 문학을 배우는 것의 역사적·사회적 의의가 지극히 열정적인 어조로 설명되어 있다. 소설, 시 등의 문학작품을 배열할 뿐 아니라 문학사는 물론 사실주의, 자연주의, 낭만주의, 상징주의 등 문학 사조의 해설, 장편소설, 단편소설, 시 등 각 문학 장르에 고유한 특성을 설명한 문학이론, 비평용어의 해설 등, 문학 그 자체에 대해 이야기하는 메타 문학적 언설에 엄청난 페이지가 할애되어 있어 훨씬 후인 1980년 전후의 국어교과서를 보며 자란 필자는 우선 이 압도적인 문학 공세에 당혹스러웠다. 당혹하면서도 당시의 고교 3년분의 국어교과서를 훑어보면서 대강의 문학적 교양이 습득되는 듯해서 뭔가 기쁘기도 했다.

당시의 공교육은 문학을 눈이 부실 정도로 라이트 업하고 있는데 그 목적은 문학 교육 자체에 있었던 것은 아니다. 당시 '문화 국가'를 목표로 출발한 사회는 문학 교육에 전후 일본의 재건을 향한 다대한 기대를 걸었다. 이 시기의 문학이 크게 빛나 보이는 것은 그런 사회적 의욕이 배경에 있는 것이다.

2) 대두하는 근대문학

헌법 시행과 같은 해에 탄생한 교육기본법은 국가에 대한 충성을 요구한 교육칙어를 대체하는 것으로서 자리 잡는다. 헌법과 나란히 교육기본법에는 입법 정신을 내건 전문(前文)이 딸려 있는데 그 전문에는 "우리는 개인의 존엄을 존중하고 진리와 평화를 희구하는 인간 육성을 기함과 동시에 보편적이며 또한 풍부한 개성을 지닌 문화 창조를 지향하는 교육을 보급하고 철저히 추구해야 한다"라고 명기하고 있다. "개인의 존엄"과 "보편적이며 또한 풍부한 개성을 지닌 문화"라는 것은 교육칙어의 국가주의를 대체하는 중요한 이념이었다. 그러나 '진리'나 '보편'이라는 단어는 너무나 추상적이어서 거기에 무언가 구체적인 이미지를 부여할 필요가 있었다. 전후 초창기인 이 시기에 문학은 '사회의 교사'로 불리며 돌연 사회의 무대 전면에 세워졌는데 그 중에서도 특별한 의미를 부여받은 것이 '근대문학'이다. 메이지 이래의 근대화가 전쟁으로 일단 좌절되었기 때문에 전후 교육에는 근대화의 재개라는 사회적 목표가 실렸다. 그 문맥에서 '근대'의 문학에 주목이 쏠린 것이라고 생각된다. 문학이란 보편적 인간성의 표현이며 근대문학이란 근대정신의 모형도라는 인식이 강조되었다. 메이지기·다이쇼기에 쓰인 개개의 작품이 정말 '근대정신'의 표현이었는지 아닌지는 차치하고 이런 일련의 과제가 교육의 장에 근대문학을 출두시킨 것이다.

전시기(戰時期)의 교과서에서는 「만요슈(万葉集)」「고사기(古事記)」 등의 고전이 일본문학의 원류로서 문화적 계층제의 정상에 놓여 있었다. 그 경우 근대소설 등은 원류인 고전으로 거슬러 올라가기 위한 말하자면 예행연습에 지나지 않는다. 그러나 전후 그 서열이 역전하여 초등·중등 교육의 국어교과서를 근대의 문장이 메우게 되었다. 이전 교과서로 자란 세대인 어른들의 눈에는 이 점에서 전후 교과서는 놀라운 것으로 비쳤다.

전시 하의 일본에서는 문명개화＝근대화를 전면 부정한 일본낭만파가 고전문학을 찬양하며, 「만요슈」의 변방지킴이의 노래(防人の歌)가 전쟁 이념으로 동원되었다. 그 때문에 한 양심적인 고전문학 연구자는 패전 이후 이제 고전을 읽지 않겠다고 다짐했다고까지 적고 있다. 문학이 전시 이념이 될 수 있다는 것을 몸소 체험한 당시 지식인은 문학작품이 갖는 정치성을 경시하지 않은 것이다. 메이지 이후의 근대화는 불완전했기 때문에 일본사회에는 아직 엄청나게 '봉건적'인 것이 잔존하고 있으며 그것이 근본적인 원인이 되어 군부의 폭주를 허용하게 되었다는 인식 아래 문학의 장에서도 메이지 이후의 근대문학이 근대정신의 각성 및 좌절의 무대로서 재인식되게 되었다.

전전(戰前) 사회와 자신을 확실하게 절단한 다음 완전히 새로운 지점에서 출발한다는 것이 전후 교육의 기본적인 이미지이다. 하지만 실상에 있어서 교과서 교재는 과거 시대의 지식의 재고에서 적절한 것을 선택해야만 했다. 평론 등은 전후에 발표된 것이 사용되었지만 적어도 문학작품에 관해서는 이미 전전기의 교과서에 게재된 문부성 추천 문호로 간주된 작가들, 시마자키 도손(島崎藤村 1872-1943)이나 나쓰메 소세키(夏目漱石 1867-1916), 모리 오가이(森鷗外 1862-1922) 등의 작품이 중심이 된다. 물론 이들 작가의 문장을 사용하는 경우도 전후 의식에 적합한 문맥을 만들어내기 위해 다양한 해설문이 준비되었는데 그 작업이 늘 성공한 것은 아니다.

예를 들면 소세키의 경우 생존 중에 이미 『나는 고양이로소이다(吾輩は猫である)』 등이 국어 교재로 사용되고 있었다. 그러나 교과

서 작가로서의 긴 경력에도 불구하고 전후 초기의 교과서는 소세키에게 어떤 위치를 부여해야 할지 다소 당황한 것 같다. 무시할수는 없지만 전후의 문맥에서 어떻게 취급해야 할지 아직 확실하지 않은 문호는 우선 문학사적인 의미가 문제가 되는 문학 교재가아니라, 언어기술 교재로서 사용되었다. 거기에는 어찌됐든 전후적(戰後的)이라고 말할 수 있는 방향 설정이 있었던 것이다.

3) 민주주의와 언론기술

민주주의의 철저 및 확보를 위해서 무엇보다 중요한 것은 언론의기술(技術)이다. 이것을 언어 학습의 기축으로 설정한 교과서 문맥에서 소세키의 작품도 새로 자리를 잡았다. 예를 들면 1949년 검정고교 교과서『새 국어 언어생활 3』은『우미인초(虞美人草)』의 모두를 수록했는데 단원 제목은 '이야기하는 마음(話す心)'이다. 고노(甲野) 씨와 무네치카(宗近) 군, 두 사람의 등장인물이 '애교'에 대해서이야기하면서 산을 오르는 장면으로 힘든 산길에 지친 고노 씨는더 이상 움직이고 싶지가 않다.

"자네는 애교가 없는 남자로구먼."
"자네는 애교의 정의를 알고 있나?"
"괜한 말을 하며 1분이라고 더 움직이지 않으려는 속셈이구먼. 괘씸한 남자다."
"애교란 자신보다 강한 자를 무너뜨리는 부드러운 무기라고."

"그럼, 무뚝뚝한 건 자기보다 약한 자를 부려먹는 예리한 무기겠군."

이런 대화를 중심으로 한 본문 뒤에 '연구'라는 코너가 마련된다. 이것도 전후의 검정교과서 제도 하에 생겨난, 민간 교과서 회사가 개발한 소산물이다. 본문 앞의 리드 외의 이런 부분에서도 교재에 담긴 의도가 제시되고 방향 제시가 이뤄진다. 이 교재에 관해서는, 두 사람의 대화의 재미는 어떤 점에 기인하는가, 이런 담화의 태도는 다른 일반적인 경우에도 바람직하다고 할 수 있는가, 고노 씨의 '애교'의 논리를 짚어보자, 담화에서의 애교에 관해 이야기해 보자, 등의 설문이 주어진다. 이 교재에 담긴 의도는 소세키 작품을 깊게 음미한다, 등의 문학적인 것은 아니다. 여기서는 '애교'라기보다 언론 그 자체가 '자기보다 강한 자를 무너뜨리는 부드러운 무기'여야만 한다는 상징적 의미가 담겨 있는데 '언어' 분책에 배치된 소세키 작품은 담화기술 교재로서 언론 사회를 뒷받침하도록 기대된 민주주의 교재였던 것이다. 소세키의 탁월한 기술에 의해 재미와 애교, 독백이 아니라 상대가 있는 담화를 예시로 하여, 공적인 언론의 힘을 획득하는 것이 목적이었던 것이다.

즉 이 경우 '소세키'는 '일본에서 거의 유일한 근대작가'도 '동서 문명 비평가'도 아닌 탁월한 언어 구사자, 인 것이다. 이 밖에『유리문 안(硝子戸の中)』의 일부가 '사람을 소개할' 때의 말하기 교재로 실리고, 또『태풍(野分)』이 연설 교재로 실려 있다. '연설'이라는 말의 장르는 민주주의 확립이라는 이 시기 고유의 목표 하에

의외로 중요시되었다. 『고등 국어(개정판) 3 상』(52년)에는 '연설 과 사회'라는 단원이 설정되어, 후쿠자와 유키치(福沢諭吉)의 '연설 법을 권하는 설'과 함께 소세키의 소설 『태풍』이 교재가 되어 있 다. 세속에 환영받지 못하는 불우한 철학자 시라이 도야(白井道也) 가 '현대의 청년에게 고함'이라는 제목으로 연설을 행하는 장면인 데 이 단원의 의도를 설명한 리드를 다음에 인용하겠다.

　　젊은이들의 전도는 희망이 넘침과 동시에 쉽지 않은 길 이라는 것 또한 제군의 일상 속에서 절실히 느끼고 있을 것이다. 어떻게 이들 어려움에 지지 않고 이들을 이기고 착실한 전진을 계속할 수 있을까?

　　그 근본은 무엇에 있는가? 그것은 민주주의의 철저이며 확립이다. 그 근본은 무엇에 의해 보장될까? 그것은 메이지 의 선각자 후쿠자와 유키치가 제시하고 있다. 자신이 옳다 고 믿는 바를 납득이 가도록 구성하여 다수의 사람들에게 호소하는 데 용감해야 한다는 것. 나쓰메 소세키는 이것을 「태풍」의 시라이 도야 선생을 통해 제시했다. (후략)

4) 『태풍』에서 연설을 배우다

전후 교과서에는 후쿠자와 유키치나 나쓰메 소세키의 문장이 말 없이 나열되어 있는 것이 아니다. 이렇게 열기가 느껴지는 방향 제시가 이뤄진 후에 교재 본체인 소세키의 『태풍』이 나온다. 그런 데 이 교재의 주인공 시라이 도야는 대학을 졸업하고 시골 학교에

취직을 했는데 '금력과 권력'이 노골적으로 세도를 부리는 습속에 대항하다 교사의 지위에서 쫓겨나기를 세 번, 현재는 보잘 것 없는 잡지사의 기자로 일하는 한편, 초연히 「인격론(人格論)」이라는 저술에 몰두하고 있다. 1907년 러일전쟁 후의 세상에서 스트라이크 선동 혐의로 경찰에 잡혀 간 동료 교수를 위해 연설회로 향하는 그를 아내는 사회주의자로 오해받는다며 만류한다. 그러나 그는 옳은 것은 옳은 것, 지금은 도쿠가와 시대가 아니라고 뿌리치며 폭풍을 뚫고 회장을 향해 발길을 재촉한다⋯⋯라는 식으로 줄거리를 소개하고, 교재는 '폭풍 속의 연설회(風の中の演説会)'라는 제목으로 실린다.

도야의 주장은 부자는 덮어놓고 "잘난 척을 하"지만 "돈 이상의 취미나 문학이나 인생이나 사회 등의 문제에 관해서는 부자 쪽이 학자에게 공손한 자세를 보여야 한다"라는 뜻인 것 같다. 교재는 그의 연설이 청중의 야유 및 갈채를 엮어 가며 진행하는 대목을 발췌한다.

"겹옷은 홑옷을 위해 존재합니까?, 누비옷을 위해 존재합니까?, 혹은 겹옷 자체를 위해 존재합니까?"라고 말한 뒤, 일단 청중을 둘러보았다. 웃기에는 너무 기이한 비유이고 삼가기에는 너무 엉뚱한 비유다. 청중은 당황했다.

"어려운 문제다. 나도 모른다." 태평스런 얼굴로 말한다. 청중은 또 웃는다.

"그것은 몰라도 지장이 없다. 그러나 우리들은 무엇을 위해 존재하는가? 이것은 모르면 안 된다.⋯⋯"

연설자의 실책을 기다리는 듯한 청중을 어리둥절하게 하면서 연설자는 점점 자신의 페이스를 만들어 간다. 그리고 분위기를 호의적인 것으로 바꾸어 간다. "아무리 돈이 있어도 병이 나면 의사에게 항복해야 한다. 금화를 달여서 마실 수는 없는 노릇이다……" "10만평의 별장을 동서남북에 세웠으니 천하의 학자를 굴복시켰다고 생각하는 것은 료운각(주: 아사쿠사 공원에 있었던 12층짜리 벽돌 건물)을 세웠으니 신선이 꼼짝도 못할 거라도 생각하는 것과 마찬가지다……" 등, 기발한 비유를 다용한 연설이다. 경제력이 세도를 부리는 세상이지만 의사나 학자는 각각 고유의 분야에서 불가침의 권위이기 때문에 그 인격과 사회적인 의의를 존경받아 마땅하다고 연설자는 주장한다. 의사·학자는 마치 경제력과 무연하다는 듯한 주장인데, 하지만 누구보다 연설대에 선 당사자가 빈곤한 학자의 실례이므로 일단 그로서는 설득력이 있다.

픽션의 등장인물인 시라이 도야는 채권자에게 쫓기고 아내에게는 경멸받은 안쓰러운 학자이다. 소세키의 작품에는 『산시로(三四郎)』의 히로타(広田) 선생이나 『행인(行人)』의 나가노 이치로(長野一郎) 등 은둔 학자이거나 세상과 가족에게 이해받지 못하는 학자가 많다. 『마음(こゝろ)』의 '선생님'도 또한 세상을 피해 숨은 학자의 풍모이다. 속악한 세상에 대치하는 세속을 초월한 학자, 라는 구도는 소세키의 작품에 자주 등장한다. 작가 이전의 소세키가 영문학자이었기 때문인데 소세키 자신은 일본인으로서는 처음 제국대학에서 강의를 한 영문학의 권위이며 그 사회적 지위는 지극히

높다. 하지만 그런 지위에 있는 학자가 종종 상징적인 자본이 경제적 자본에 반영될 수 있다는 것을 인정하고 싶어 하지 않는 것처럼 소세키 또한 학자＝불우라는 이미지를 좋아한 모양이다. 하기는 다양한 가치 척도가 경제력으로 일원화하는 경향이 있는 현대사회에서 학자에 대한 경의는 차지하고 학문에 대한 경의는 여전히 함양될 필요가 있는 것은 사실일지도 모른다.

5) 현대와 어디가 다른가

80년대 이후의 학습지도요령은 문학작품의 '독해'를 중시하는 방침을 고쳐, 국어과를 '언어교육으로서의 입장'으로 자리매김했다. 나아가 현재의 국어과는 '읽기'보다도 '말하기' '듣기'라는 음성언어교육을 우선하기에 이르렀다. 이에 대해 문학은 더 이상 불필요한가, 국어는 언어기술에 지나지 않는가, 등등의 논의도 있었다. 그러나 이런 연설 교재를 보면, 언어기술을 중시하는 발상은 현재의 교육개혁이 창시가 아님을 알 수 있다. 전후 출발기에도 '말하기'는 역시 국어과의 중요 항목의 하나였다. 다만 주의할 점은 같은 '말하기'여도 그것이 배치되는 지평은 현재와는 완전히 다르다는 것이다. 전후 초기 국어의 과제는 민주주의의 철저 및 확립이었으며 그것을 지탱하는 언론의 힘의 양성이었다. 이 목표는 경쟁 시대에 살아남기 위해 자신을 프레젠테이션하는 능력을 양성해야 한다는 사적인 목표와 대조적이다. 전달 능력의 육성이라는 목적은 문자 그대로는 '같다'. 하지만 전후 반세기 동안 교육 그 자체의 의미 부여는 크게 선회했다. 공공성과 사회성에 연결되어 있던 교육은 60년대 교육 대중화 시대에 접어들자 개개인의 '진로'로 연결이 바뀌었다. 예전의 민주주의의 확립을 기반으로 한 교육은 현재, 다양한 선택지를 고객에게 어필하는 교육서비스로 표상되며, 민주사회의 미래를 지탱할 젊은이가 아니라 비용대비효과를 계산하는 개개의 소비자가 주체가 되는 시장주의로 광경이 바뀌려고 한다.

과거의 언설편제를 회고하는 것은 즐겁다. 거기에는 다른 선택지가 떠오르지 않을 정도로 자명한 것이 된 현재의 발상을 역사적으로 상대화하고 낯설게 하는 효과가 있다. 60년대 이전의 국어교과서에서는 고교생의 미래가 사회의 민주화와 연결되어 있었다. 교육을 담론하는 말은 학생의 개인 심리나 진로라는 사적인 영역이 아니라 바람직한 사회라는 공공성의 영역에 속했던 것이다.

6) 공공성이라는 과제

이 교재의 뒤에는 참고로 '연설의 마음가짐(演説の心得)'이라는 글이 실려 있다.

연설은, 정치가나 사회운동가만의 전매물이 아니다. 그들의 전매물로 놓아둔다면 그 사회는 민주사회로서 건전하다고 할 수 없다. 공중 앞에서 자기의 의견을 당당하게, 좋은 순서로, 그 장의 조건도 생각하면서 주장하는 것은 학문을 살리는 것으로 이것이 산 학문이다.

연단은 어떤 의견에 대해서도 개방되어 있다고 이 교재는 말한다. 그것이 민주사회의 필요조건인 것인데 그렇다면 과제는 언론의 기술이 될 것이다. 이하에는 연설의 기교가 항목화되어 있다.

"사람을 보고 설법한다라는 말이 있듯이 청자의 성질(시민인지 농민인지, 주부인지 학생인지, 피곤한지 아닌지 등등)에 따라 말씨와 태도에 변화를 준다."

"음성을 단련해 둘 것. 특별히 연설을 위해서라고 기합을 넣을 것 없이 노래를 부르거나 하면 된다."

"눈을 어디에 둘 것인가도 마찬가지. 라고 해서 두리번두리번하는 것은 보기 흉하다. 인사를 한 후 연단 앞에서부터 회장 전체를 8자형으로 천천히 시선을 옮기며 연설하는 것이 온화하다."

"물은 마시는 것은, 상당한 수련을 쌓은 사람이나 또 청중이 강한 기대를 가지고 있을 때 등을 제외하고 되도록 하지 않는 것이 좋다."

"야유에 대해서도 그것이 호의적이냐 악의적이냐 발작적이냐에 따라 조절을 해야 해서 어렵다. 원칙적으로는 묵살하는 편이 좋다."

"자세에 대해서. 후쿠자와 유키치도 손을 어디에 두어야 할지 몰라 고심한 결과 팔짱을 껴보니 안정감이 들었다는 이야기가 있다. 실제로 처리 곤란한 게 손. 바지 주머니에 넣거나 엉덩이를 비비거나 하는 것을 피하는 게 좋다. 뒤로

팔짱을 끼는 것은 청중을 내려다보는 태도로 보이므로 주의해야 할 것이다. (후략)"

이처럼 연설시의 주의 사항은 미소가 떠오를 정도로 구체적이다. 아무튼 민주주의로의 길은 추상적으로만 이야기되었던 것이 아니다. 연설을 "정치가나 사회운동가만의 전매물"로 놓아두어서는 그 사회를 건전한 민주사회라고 부를 수 없다. 누구나가 공공적인 장에 모습을 드러내어 그 소리를 듣게 할 필요가 있다. 이 단원은 그렇게 주장하는 것이다.

다수결＝형식민주주의가 아니라 진정한 민주주의를 그리며 존재했던 국어 시간. 이런 열기는 이제 와서는 감동적이기도 하고, 이 과잉은 솔직함이 탈색되어 버린 후의 교과서의 새침한 자세보다 단적으로 재미있다. 하지만 이야기한다는 것 그 자체에 초점을 둔 전후 초기의 교재가 그것에 의해 실현해야 할 민주사회의 참가자를 그리고 참가자격을 어떻게 이미지했는가, 물을 필요가 지금은 있다. 전후민주주의의 우등생적인 메시지에 문제가 없는 것은 아니다.

"공중 앞에서 자기의 의견을 당당하게, 좋은 순서로, 그 장의 조건도 생각하면서 주장하는 것". 민주주의는 "이야기한다는 것"(피에르 부르디외)을 둘러싸고 이미지가 형성되었던 것인데 공식의 장에 등단하여, 바르게 이야기할 수 있는 능력이란, 교육과 환경에 의해 습득되는 하나의 사회적 자원이다. 이 자원을 가진 사람은 스스로의 생각을 사람들에게 들려줄 수 있고, 그것을 실현할 능력을 가진다. 경우에 따라서는 타인에게 스스로의 생각을 강요할 수조차 있다. 하지만 그 자원이 부족한 사람, 즉 이야기한다는 것에 위축감을 느껴 우물거리고 마는 사람 또한 당연히 존재한다. 이런 사람의 목소리는 들을 필요가 없는 것이 아니다. 오히려 청취되지 않는 목소리 속에야말로 때때로 보다 절실한 문제가 잠복해 있다고도 할 수 있다. 그럼에도 불구하고 이 바른 민주주의의 정의는 그 목소리를 퍼 올리지는 않는다. 형식적으로는 누구나가 자기 목소리를 이야기할 자격을 가지지만 현실적으로 이야기하는 것을 둘러싼 자원은 불평등하게 배분되어 있다. 이 낙차에 의해 평등해야 하는 공공의 공간이 자주 불평등하며 억압적인 공간으로 바뀌는 것이다. 그렇다면 민주주의의 철저 및 확립을 위해서는 이야기하는 것뿐만 아니라 귀를 기울이는 힘이 필요하며 그것이 결여된다면 사회의 표층에는 동일하게 바르게 이야기하는 사람밖에는 나타나지 못하게 될 것이다. 그리고 지배적인 목소리에 반문하는 소수파의 목소리, 다른 목소리를 청취하지 못하게 된다. 『태풍』에서 발췌한 연설 교재는 이런 의미에서 엘리트민주주의의 경향이 없다고 할 수 없다.

3. 개인은 어떤 주체여야 하는가

하지만 국어 시간의 민주주의 논의는 언론기술을 겨루는 장면에만 관여한 것은 아니다. 무엇보다도 개인의 내면에 관계되는 것으로서 정의되었다. "개인의 존엄을 존중하고" "보편적이며 또한 풍부한 개성을 지닌 문화 창조를 지향하는 교육"의 보급을 철저히 추구한다는 교육기본법의 이념은 국어교과서에서는 개인은 세계·인류의 보편성에 참여하는, 혹은 문화는 특수한 것에 머물지 않고 보편적인 것에 도달해야한다는 언설로 바뀌었다. 이 시기의 국어교과서는 이 마스터내러티브를 거의 완전히 공유했다. 개인은 어떤 이념 하에 주체가 되는가, 그 방향을 제시하는 언설이 국어교과서에 가득했다.

1) 개인에서 세계로

세이조국문학회(成城国文学会) 발행의 『현대 국어』(49년)의 모두에는 "'현대 국어'를 배우기 위하여"라는 글이 나온다(이 '현대 국어'는 60·70년대의 국어과에 설치된 과목명이 아니라 이 교과서의 제목이다). "우리는 이상과 정열을 가지고 이 책을 만들었습니다." "이 책을 배움으로써 세계를 향하여 활짝 마음의 창을 열고 인류의 진보와 세계 평화에 도움이 되는 사람이 되시기를 염원하여 마지않습니다."

'세계', '인류'라는 보편주의적인 이념이 이 교과서에서는 교재 선택의 레벨에서 구체화한다. 1학년 교재 '신문의 문화적 사명'[나가시마 간이치(永島寛一) '신문 이야기(新聞の話)'에 의함]의 주제는 이하와 같이 특정 국가에 규제되지 않는 '인간'의 보편적 가치이다.

> 개인이 모여 구성되는 사회, 혹은 국가의 이익을 도모하는 일은 중요합니다만 사회 혹은 국가 조직이 복잡해져 그 이익이 교착상태에 빠지면 왕왕 일반 사람들은 사회 혹은 국가만을 생각하고 그 근본에 인간이 있다는 사실을 잊어버리는 경향이 있습니다. 특히 인간 고유의 권리를 잊고, 무시하고, 유린하는 경향이 없다고 말할 수 없습니다.

국가는 어디까지나 인간의 행복을 위한 편의적 수단에 지나지 않는다. 그런 만큼 본래의 목적인 인간의 이익이나 인권의 존중을 잊고 수단인 쪽이 팽창하는 것은 본말전도이다. 보편적으로 가치가 있는 것은 '인간'이며 '국가'는 어디까지나 특수이익이라는 이 글에는, 당시 교과서의 언설편제, 즉 개개인과 국가라는 대립 개념에 보편과 특수라는 대립 개념을 중첩시키는 언설이 명쾌하게 제시되어 있다. 전시 하에 비대해진 국가 개념은 이러한 이념의 배치 하에 상대화되었다.

『현대 국어』2학년 교재, 난바라 시게루(南原繁 1889-1974)의 강연 '인격과 사회'도 이런 언설을 보강한다. 여기에는 개인과 집단 조직기구의 긴장감이 지적된다.

우리는 지금 무엇보다도 자유로운 인간 개성과 인간 개성이 결합한 사회라는 이념을 회복하는 것에서부터 출발해야 한다. 민주주의는 인간 상호의 내면적인 결합관계의 뒷받침 없이 결코 유지될 수 있는 것이 아니며, 정치 사회 조직의 개조에는 반드시 이것이 병행 아니 선행되어야 한다. 그런데 현재, 민주주의 혁명의 도상에서 여전히 새로운 위험과 위협이 없다고 할 수 없다. 사람들이 사회 조직과 기구에 대해 과신한 결과 거대한 조직의 힘에 의해 개성의 자율을 압박하고 대중은 스스로 자유로운 인격으로서 사유하고 주장할 권리를 포기하고, 집단의 힘 앞에 추종하는 경향이 없는가?

전후 부흥의 성패는 자유로운 개인, 그 이성의 권위에 달려 있다. "제도나 조직은 그것(주: 자유로운 개인의 이성적·윤리적 정신)을 넣고 담보하는 조건적 가치에 지나지 않는"것이므로 내용물이 아니라 용기 쪽이 팽창하는 것에 대해서는 경계가 필요하다. 난바라 시게루는 종종 피히테(Johann Gottlieb Fichte 1762-1814)와 비교되는 애국자인데 이와 같이 개인과 이성을 기축으로 하는 진보적인 애국자였다.

다른 교과서를 보자. 제1절에 거론한 1949년 검정 『새 국어 우리들의 독서』는 각 학년 교과서 첫머리에 전체적인 서언을 두고 있다. 1학년에는 '창조'라는 제목으로 "먼저 개인이 확립되어야 한다". 2학년에는 '사회로의 창'이라는 제목으로 "개인은 사회를 통해 세계성에 참여하는 바, 각각의 직업이나 기술을 가지고 개인의 생활을 완수하는 것은 사회에 있어서이다". 3학년에는 '세계로의 길'이라는 제목으로 "개인은 개인을 관철함으로써 그 창을 안과 밖으로 연다. 열린 창은 사람들을 이어준다. 사회를 통해 개인은 세계에 참여한다"고 되어 있다. 즉 고교 각 학년에 각각 '개인' '사회' '세계'라는 이념을 배분하여 졸업까지 차례로 이 동심원을 확장하며 보편적인 차원에 도달한다는 것이다.

이념이 3년간의 교과과정을 결정하고 있는 것이다. 이 시기의 교과서는 일반적으로 서언이나 교재의 리드 등 스스로의 메시지를 서술하기 위해 지면을 할애하고 있다. 그리고 그 메시지의 기축에는 '개인' '사회' '세계'라는 말이 놓여 있었다. '개인'은 극소의 보편, '세계·인류'는 극대의 보편이며, 개인은 세계성에 매달려 있음으로써 보편적인 주체＝인간이 된다. 이런 이념 배치에 의해, 개인성의 전체를 국가에 복종시켰던 전시 하의 주체로부터 절연을 달성할 수 있게 되는 것이다. 단 세계나 인간이라는 이념은 너무 추상적이어서 극소와 극대 사이를 매개하는 중간 항을 어떻게 말할 것인가가 문제가 된다. 앞에서 본 '인격과 사회'의 난바라 시게루는 애국자이지만 전전 국가가 그러했듯이 제도·조직이 팽창하는 것은 강하게 경계하여 『새 국어 우리들의 독서』의 서언에서는 중간항의 위치에 국가가 아닌 '사회'라는 말을 고르고 있다. 이런 말의 선택·배치에는 전시기의 국가주의에 대해 거리를 두려고 하는 의식이 표출되어 있다. 전부 1949년 검정 교과서로 민간 회사의 검정 교과서 중 가장 이른 시기의 교과서들이다. 난바라

시게루의 글에 보이는 "개성의 자율" "스스로 자유로운 인격으로서 사유하고 주장할 권리", 그 보편적 가치가 전후 가장 초기의 국어교과서가 그려낸 주체의 모델을 떠받치고 있었다.

2) 국민문학과 세계문학

전술하였듯이 민간회사의 교과서 발행은 새 학제 스타트에 맞추지 못해 이 시기 사용된 것은 문부성 저작 교과서이다. 첫 문부성 저작 교과서에는 각 교재가 대단히 무뚝뚝하게 나열되어 있을 뿐이었다. 앞 절에서 소개한 바인, 장대한 서언, 혹은 편집의도를 직접 이야기하는 단원의 취지나 리드, 혹은 학습의 길안내 등은 그 후에 등장하는 민간회사의 검정교과서의 발의에 의한다. 문부성 저작 교과서도 후년도 판은 권말에 전부 모아서 학습 안내풍의 설문을 붙이게 된다. 담담하게 설문이 나열될 뿐으로 좋게 말하면 절제가 있고, 나쁘게 말하면 여전히 무뚝뚝한데 그래도 열의 넘치는 민간 교과서로부터 역으로 영향을 받은 것으로 생각된다. 그러나 민간에서 관으로의 역영향 이라는 방향이 이 과도기의 특징이었던 것은 아니다. 문부성 저작 교과서가 사용한 교재는 다른 교과서에 대해 무언(無言)의 규범으로서 기능했다. 후발 민간 교과서는 문부성의 의도를 파악하여 교재를 선택하고 나아가 그 의도를 보다 선명하게 나타내기 위한 여러 아이디어를 가미했다. 그리고 그것이 재차 문부성 저작 교과서에 영향을 미친 것 같다.

문부성 저작 교과서 『고등 국어 3 상』(48년 검정·발행)의 교재인 도이 고치(土井光知 1886-1979)의 '국민적 문학과 세계적 문학(国

民的文学と世界的文学)'은 종종 다른 교과서에도 사용되었다. 이 문장이 빈번하게 사용된 이유는 '국민적 문학과 세계적 문학'이라는 제목 그 자체에 있었다. 첫째, 국민문학·세계문학이라는 용어는 문학을 이해하기 위한 하나의 틀이며, 이 틀을 사용함으로써 번역작품을 포함한 여러 문학작품을 한 교과서에 실을 수가 있다. 모리 오가이와 셰익스피어(William Shakespeare 1564-1616)와 로맹 롤랑(Romain Rolland 1866-1944)이 국어교과서라는 언어 공간에 나란히 자리할 수 있는 경관이 가능하게 된 것이 국민문학·세계문학이라는 이해의 틀이다. 둘째, 이 제목은 국어교과서의 총체가 내걸었던 목표 즉, 개인은 사회·국가를 통해 세계성에 참여한다는 추상적인 큰 목표에 구체적인 문학작품을 가지고 응답한 것이었다. 이와 같이 도이의 글은 다른 교재와 같은 레벨의 하나의 교재임과 동시에 교과서 전체를 덮는 하나의 이념의 표상이며, 또 교재 편집의 원리라는 메타레벨의 기능을 담당했던 것이다.

문부성 저작 교과서가 선택한 도이 고치의 글, 민간 회사 교과서에서는 이것을 규범으로 하면서 '세계문학'을 둘러싼 몇 갠가의 평론으로 다양화했다. 예를 들면 산세이도『고등 국어 3 하』(50년)가 채용한 것은 야마무로 시즈카(山室静 1906-2000)의 '세계문학의 문제(世界文学の問題)'이다.

야마무로 시즈카는 '세계문학'이라는 말을 처음 사용한 괴테(Johann Wolfgang von Goethe 1749-1832)의 사상에 관해 쓰고 있다. 괴테는 "지구 전체가 하나의 세계를 형성하"게 된 시대, '세계'가 서구에서 지구 규모로 확대한 시대의 사상가였다.

위대한 시인은 그러한 기운의 움직임을 재빨리 느끼고 '세계문학'이라는 이념을 만들었다. 각 나라의 문학이 활발하게 밖의 것을 받아들이고 자기 것을 밖을 향해 방사하면서 공통의 인간성이라는 지반 위에 하나의 커다란, 말하자면 교향악적인 세계문학이라는 흐름 속에 서로 섞일 것이라는 예상이다.

모든 뛰어난 문학은, 전부가 시대와 민족의 차이를 넘어 어디에서나 또 어느 시대에나 즉각 인간의 마음을 두드린다. 그리고 또 그것은, 이해와 사랑 안에서 그런 문학이 모든 사람들을 이어준다는 것이다.

근저에는 '보편적 인간성에 대한 신념'이 있으며 미래를 향해 '통일적인 하나의 세계국가 성립에 대한 꿈'이 그려져 있다. 이런 '세계문학'이란, 따라서 개개의 세계적 걸작을 의미하는 것이 아니라 그 자체로서 하나의 관념이며 사상이다. 그것은 "마침내 보편적인 세계국가의 공동시민으로 우리를 성장시켜 줄 것이다". 즉 세계문학이란, 공통의 인간성을 확인하고 그로부터 세계국가의 시민이라는 주체를 상상하는 장인 것이다. 그렇다면 보편성에의 통로인 개개의 구체적인 작품은 어떻게 취급되었을까.

명저 「세계문학」[1]을 쓴 몰턴[2]은 「일리아드」 「오디세이아」와 소포클레스[3]의 그리스 비극, 성경, 단테,[4] 셰익스피

---

1 역자 주: 「World literature and its place in general culture」.
2 역자 주: Richard Green Moulton 1849-1924.

어, 괴테의 「파우스트」, 그 외 코르네유,[5] 몰리에르[6] 등의
프랑스 고전극, 「안나 카레니나」 「전쟁과 평화」 등의 근대
소설을 세계문학적 작품으로 들고 있다……그러나 세계문
학의 문제가 세계의 문학의 총체를 거론하는 것이 아닌
것과 마찬가지로 단순히 그런 개개의 세계적 걸작을 지명
하여 논하는 것도 아닐 것이다.(여기서 지명한 세계문학이
전부 서양문학인 것은 차치하고서도.) 우리는 좀 더 전체적
으로 통일적으로 또한 발전적으로 파악해야 할 것이다.

야마무로 시즈카는 영국의 평론가 몰턴(Richard Green Moulton
1849-1924)에 의거하여 구체적인 작품명을 들고 있는데 이들은 어
디까지나 임의의 통로이다. 세계문학이란 보편성과 세계시민의
상상력을 본질로 하는 그 자체로서 하나의 사상이지 세계의 명작
을 끌어 모은 것이 아니라고 교재는 강조하고 있다.

아름다운 이념이라 할 수 있다. 하지만, "(여기서 지명한 세계문
학이 전부 서양문학인 것은 차치하고서도.)"라고 괄호 안에 넣은
한 마디에 주목해 두자. 사상으로서의 세계문학이 아닌, 예시된
개개의 명작은 실상 "전부 서양문학"이었다. 세계국가, 세계시민
에의 꿈은 "발전적"이며 즉 미래에 실현되어야 할 것이기는 하지
만, 그 꿈에 도달하는 구체적인 통로에서 비서양이 배제되어 있다

---

3 역자 주: Sophocles B.C. 496-406.
4 역자 주: Dante Alighieri 1265-1321.
5 역자 주: Pierre Corneille 1606-1684.
6 역자 주: Molière 1622-1673.

면, 세계문학의 이념인 보편적 인간성이란, 구체적으로는 서양세계의 인간성을 의미하고 마는 것이 아닌가. 야마무로 시즈카는 괴테의 아름다운 세계문학의 관념을 이야기할 때 비서양으로부터의 목소리를 이렇게 괄호 안에 넣음으로써 즉 보여주며 지우는 조작에 의해 그 꿈의 일관성을 지키고 있다. 하지만 다음 부분은 괄호로 묶은 것만으로는 끝나지 않는 인식을 포함하고 있다. 괴테가 세계문학이라는 착상을 얻은 시대의 문맥을 야마무로는 다음과 같이 설명한다. "그때까지 서구의 일부에 한정되어 있었던 세계는, 학자나 탐험가의 열정적인 연구, 조사에 의해 넓혀져 인도나 중국, 신대륙이 그 오래되고 풍성한 문화의 매력과 새로운 소박한 풍토나 민족의 경이로움을 나타내었다. 지구 전체가 하나의 세계를 형성해 온 것이다."

서구에 의한 비서양지역의 '발견'은 이런 문화적 언설에도 불구하고 식민지지배의 확장에 다름없었다. "지구 전체가 하나의 세계"를 형성한 시대란 이매뉴얼 월러스틴(Immanuel Wallerstein 1930-)이 말하는 자본주의 세계 시스템의 시작이라는 역사적인 사건을 가리킨다. 원양항해가 기술적으로 가능하게 된 소위 대항해시대 이후 서구세계는 그 과학기술문명의 우월성을 가지고 이전까지는 자신의 세계 인식에 들어온 적이 없는 지역과 거기에 사는 타자를 '발견'했다.

"위대한 시인은 그러한 기운의 움직임을 재빨리 느끼고 '세계문학'이라는 이념을 만들었다"라고 야마무로 시즈카는 썼다. 하지만 '세계문학'의 꿈은 식민지지배나 제국적 패권의 폭력의 역사와 그 뿌리를 공유한다. 괴테의 '세계문학'은 미래상을 그리며 순수 인간성의 승리를 이야기하는 것이었다. 라고 한다면 '세계문학'이란 역사의 희망인 것일까, 아니면 비참인 것일까? 우리는 그것을 긍정도 부정도 할 수 없고 어떻게 이해해야 좋을지 모르게 된다. 비서양의 세계를 '발견'하는 보편적인 주체는 언제나 서구이며, 발견되는 타자란 어디까지나 서양의 시선 하의 객체이다. 그리고 문명화라는 보편주의 하에 시작된 학살, 노예제, 식민지지배의 역사란 그야말로 보편적 인간성의 이름으로 단죄되어야 하는 것에 다름없었다. 보편성을 둘러싼 너무나도 심한 역설이 '세계문학'이라는 꿈 안에 응축되어 존재하는 것이다.

세계문학의 꿈을 이야기하는 교재가 전쟁 중의 내셔널리즘에 대한 깊은 반성을 동기로 하여 전후 교과서에 게재된 점, 그 동기를 의심할 필요는 없다. 보편적인 인간성은 이 때 확실히 믿어야만 하는 이념이었을 것이다. 그러나 동시에 보편성의 언설은 현실에 만연한 폭력을 은폐하는 기만으로 기능해 왔다. 당시의 교과서가 열정적으로 이야기했던 보편적 이념에는 추상적, 그 이상의 문제가 포함되어 있다. 이 깊은 역설은 미군 점령하의 민주화 개혁이라는 전후사의 깊은 모순을 집약하며 상징하고 있다고 생각되기 때문이다.

그러나 보편적 인간성의 이념이 기만이었다고 해도, 인간성을 빼앗기고 존엄에 상처를 입은 사람들은 그 이념을 버릴 수는 없다. 누구보다도 인간의 리스트에서 배제되어 인권을 인정받지 못한 사람들이야말로 보편성에 호소해야 하며, 그리 함으로써 부정의를 부정의로 인정하게끔 할 필요가 있다. 또 그 긴장감 속에서

정화됨으로써만 미명에 지나지 않는 관념도 진정한 보편성으로 생성될 가능성을 갖게 될 것이다. 이러한 긴장감을 상실한다면 보편주의의 언설은 공소한 추상적 관념 정도가 아닌 배제의 폭력을 행사하는 구실이 되기 십상이다. 보편주의는 탈구축과 재구축의 끊임없는 비판 작업을 필요로 한다. 하지만 우리가 그 책임을 다해 왔는가 하면 미덥지 않다.

3) 교양으로서의 서양문학

야마무로 시즈카의 문장 뒤에는 '연구의 길안내'로서 '세계문학'에 관련된 참고문헌이 제시되어 있다. 아베 지로(安部次郞 1883-1959), 지노 쇼쇼(茅野蕭々 1883-1946), 도이 고치 등의 이름이 이어진다. 전후의 '세계문학'의 언설이 주로 전전의 지식인에 대한 재고, 특히 다이쇼기 '교양' 시대 속에서 꺼내온 것임을 알 수 있다. 흥미로운 것은 이들과 함께 "최근에는 오야마 데이이치(大山定一 1904-1974) 씨의 논문이 『세계문학』에 나왔다"는 최신 정보도 제공되고 있는 점이다. 고교 교과서에 이런 주가 달린다는 점에 이 시기 특유의 열정을 엿볼 수 있다. 이『세계문학』은 당시 교토의 세계문학사가 간행했던 월간잡지이다(1946년 4월-1950년 3월). '영원의 상(相) 아래'라는 스피노자(Baruch Spinoza 1632-1677)의 말에 시사를 받아 이 잡지의 편집자[이부키 다케히코(伊吹武彦) 1901-1982]는 "세계의 상 아래"라는 말을 사용하고 있다. 교재는 아니지만 인용해두겠다.

우리 감각에 세계의 냄새가 나도록. 우리의 말에 세계의 울림이 담기도록. 그때야말로, 우리의 감각, 우리의 사고, 우리의 말은, 한층 선명하고 아름답게 깊어지리라 ─ 라고 생각하는 것은 과연 당치 않는 꿈일까? 우리는 자신감을 되찾아야 한다. 자신감의 회복은 마침내 우리의 르네상스로 이어질 것이다. 그러나 이 자신감 역시 '세계의 상 아래' 품어져야만 할 것이다. 세계를 무시한 자신감의 어리석음에 관해 우리는 지금 골수에 사무치게 경험하고 있다.

─ 1947년 7 · 8월 합병호

이와 같이 교과서라는 언설 공간 밖에서도 전후의 기분을 표현하는 말로서 '세계'가 유통되었다. 1946년 1월 창간된 이와나미서점(岩波書店)의 『세계』에는 세계문학 · 세계사상의 새 번역 · 구 번역이 연달아 게재되었다.

세계문학이라는 말 아래 셰익스피어, 괴테, 로만 · 롤랑을 위시한 번역 작품이 교재가 되는데 그 면면들은 서양 사상문학의 진수를 교양으로 보는 발상을 틀로 하는 명작이다. 세계문학이란 각국의 명작의 집적이 아니라고 하면서도 실제로는 영국문학이나 독일문학 등 국명이 붙은 문학이 자명한 전제가 되어 그 이해의 틀이 흔들린 형적은 보이지 않는다. 1927년부터 1930년에 걸쳐 간행된 신초사(新潮社)의 『세계 문학 전집』 전 38권, 소위 1엔책(円本)[7] 시대의 '세계문학'은, 제1권에 단테의 『신곡(神曲)』을 수록했다. 간행의 순번

7 역자주: 한 권당 정가가 1엔 균일인 전집으로 쇼와 초기에 유행함.

은 입센(Henrik Johan Ibsen 1828-1906), 투르게네프(Ivan Sergeyevich Turgenev 1818-1883) 등 일본 근대문학에 자극을 준 작가의 권이 앞에 위치하고 있어 여기에 보이는 것은 일본문학의 관점에 선 세계문학으로, 일본의 하늘에서 보이는 별자리라는 비유가 이 경우 타당하다. 마지막 권은 에렌부르크(Ilya Ehrenburg 1891-1967), 게오르크·카이저(Friedrich Carl Georg Kaiser 1878-1943), 피란델로(Luigi Pirandello 1867-1936) 등 당시의 최신 문학에 이르는데, 전 권의 편제를 보면 "전부 서양문학"이라고 해도 될 것이다. 후년 슈에이샤(集英社)가 60년대 말에 간행한 『세계 문학 전집』도 재미있는 작품을 모았는데 역시 그 세계는 서양세계를 의미하고 있다. 신초사가 50년대 전반에 간행한 『현대 세계 문학 전집』은 제1권이 헤르만·헤세(Hermann Hesse 1877-1962), 마지막 46권이 보부아르(Simone de Beauvoir 1908-1986)이고 그 42권에 루쉰(魯迅 1881-1936)이 들어 있다. 세계 지도에 세계문학의 분포도를 겹쳐볼 것도 없이 비서양 작품은 수가 적다. 아시아문학을 대표하는 것은 오로지 중국의 고전으로 그 후는 루쉰의 현대 중국으로 돌연 시대가 비약하는 셈이다.

　국어교과서의 세계문학도 이런 틀을 공유한다. 다소 시기는 내려오지만 『새 국어 종합 2』(57년)의 최종 단원 'X 세계의 고전'은 '1 셰익스피어론 요시다 겐이치(吉田健一 1912-1977)' '2 파우스트적 인간 오야마 데이이치' '3 이백과 두보'라는 교재편제이다. 세계 속에 아시아가 존재하지 않는 것은 아니나 그것은 이백·두보의 세계이다. 세계문학으로서의 일본문학으로 종종 인정 받아온 모리 오가이의 『한산습득(寒山拾得)』은 현세를 초월한 신선 세계였다.

동양은 표상에 있어 근대 이전 혹은 근대를 초월한다. 중국의 근대를 난문(難問)으로 주제화한 루쉰을 제외하면 '동양'에 근대성은 기대되지 않았다.

4) 다이쇼 교양주의의 재발견

『새 국어 우리들의 독서』가 『새 국어 문학』으로 바뀐 것은 전술한 바이다. 이때 바뀐 것은 제목만이 아니다. 1949년의 『우리들의 독서』 시점에서는 '개인'과 '세계'의 사이에 '사회'가 놓여 있었는데 대해, 1951년의 『문학』에서는 그것이 '국가'로 바뀌었다. 『문학』의 단원 요지에는 "개인이 지역 사회나 국가에 순응하고 제약되면서 그 사회성을 통하여 세계성에 참여 가능하다는 데에 민주주의의 정신이 있다"라고 되어 있다.

1951년은 샌프란시스코에서 대일강화조약이 미일안전보장조약과 함께 조인된 해이다(이듬해 발효). 냉전이 격화하는 세계정세 속에 일본은 미국 주도의 서방측 국가들과의 사이에 강화조약을 체결했는데 그에 의해 소련·중국 등 사회주의 국가와의 사이에는 강화를 이루지 못했다. 당시는 어떤 형태이든지 점령 해제·독립을 서두르려는 논의에 대하여, 냉전의 한쪽 편에 가담하는 것을 의미하는 단독 강화는 일본의 주권을 회복하는 것이 아니라, 역으로 미국에 의한 사실상의 점령을 영속화시키는 것이라는 견해도 있어, 국론을 양분하는 논쟁이 되었다. 전쟁 이데올로기로서의 내셔널리즘을 기피하면서도 이 시기에 재차 민족이나 국민이라는 말이 복권한 배경에는, 친미적인 정책을 선택한 당시의 정부의 방침을 '민족의 위기'로 보는 이 시기의 논의가 있었다. 점령기간 중의 상황 변화는 교과서의 언설에도 미묘한 형태로 반영되어, 그것이 개인과 세계를 매개하는 중간 항을 어떻게 보는가, 구체적으로는 '국가'를 어떻게 볼 것인가 하는 대목에 나타났다. 전후 초기 교과서의 세계주의 언설이 이때 어떤 방향을 향하며 또 문학적 언설은 이때 어떤 기능을 담당했는지 살펴보자.

앞서 말했듯이 전후의 '세계문학' 교재의 선구였던 도이 고치의 '국민적 문학과 세계적 문학'은 잡지 『사상』의 창간호와 제2호(1921년 10월, 11월)에 게재된 논문으로 다음해 『문학 서설(序說)』(이와나미서점)에 정리되었다. 문부성 저작 교과서 『고등 국어 3 상』, 산세이도 『새 국어(개정판) 문학 3』 등에 사용된 인기 교재였다. 문부성의 '국어 학습 길안내'도 산세이도의 '연구'도 거의 같은 내용의 설문이 붙어 있다. 참고로 인용하는데 설문이 터무니없이 어렵다.

(1) 다음 사항에 대해 작자의 견해를 조사한다.
   가. 국민적 문학의 관념 나. 국민적 문학의 관점—
   두 경향과 그 융합 다. 일본문학의 개관 라. 나라시대
   의 문학 마. 헤이안시대의 문학 바. 가마쿠라시대의
   종교와 문학 사. 에도문학의 사조 아. 메이지 이후의
   문예와 발달
(2) 국문학사를 읽고 이 과의 내용을 구체적으로 설명
   한다.

(3) 다음 항목을 조사하여 설명할 수 있도록 한다.

문학의 전성(轉成)·전개, 주관에 침잠한다, 서사

시·서정시·민요·고산(五山)문학·로망스·인간

성·현실주의·신비주의·이상주의·자연주의·

인도주의

(4) 메이지부터 현대에 이르는 문학의 전개를 한 문장으

로 정리해 본다.

교재가 된 문장을 포함한『문학 서설』은 다이쇼기인 1922년에 간행되어 전후 1948년에 개판되었다. 즉 도이 고치의 세계문학 교재는 다이쇼기 언설의 리사이클임과 동시에 전후의 언설이기도 했던 것이다. 전후에 쓰인 서문에서 도이는 초판 간행 당시의 분위기를 소급적으로 이야기한다. 전후의 시점에서 과거를 호출할 때 그 과거는 어떻게 이미지 되었는지 알 수 있다.

그 즈음 제1차 세계대전이 끝나고 국제 평화의 시대가 대망되며……일본은 빛나는 희망을 가지고 사상의 표현은 비교적 자유로워……세계의 한 구석에 일본문학을 놓아보려고 하는 비교연구의 태도에 대해서도 관용적이었다. 그러나 그 시기는 짧았다.

전쟁 전에 "일본이 가장 행복했던 시대"를 찾아내고 "그 즈음"의 문학이론을 "자구의 수정도 가능한 한 피하여 거의 원형 그대로"

재간행한다, 라고 쓰여 있다. 희망과 자유와 관용이 가득했던 시대, 그것이 지금 원형 그대로 회복된다는 것이다. 이리하여 전후 민주주의에 다이쇼데모크라시라는 전통이 부여되어, 역사는 다시 바른 궤도로 돌아온 것이 된다. 이 역사상(歷史像)에 의해 전쟁의 시대는 불행한 일탈로서 역사의 본줄기에서 제외되게 된다. 한 사회가 어떠한 내력을 가지고 오늘에 이르는지에 대해 이미지를 부여하고 그 이미지에 의해 집단적인 정체성의 형성에 영향을 미치는 언설로서, 이러한 역사상을 볼 수가 있을 것이다.

이 시기의 교과서는 어두운 국가주의가 끝나고 새 시대가 시작된다고 하는 신선한 이미지를 연출하려고 하였다. 도이 고치가 다이쇼기와 쇼와기의 명암의 대비를 강조하면서 개판 서문을 쓴 안도감과 기대감이 잘 느껴진다. 그럼에도 불구하고 교재가 된 '세계문학'의 문장으로부터 선명한 역사의 단절과 대비를 읽어낼 수는 없다. 앞에서 인용한 설문으로도 알 수 있듯이 도이의 글이 교재로 채택될 때 '세계문학'보다 그 관념에 의해 부상한 '우리나라'의 문제를 검토하는 부분이 발초(拔抄)되어 있다. '국민문학'이라는 이름하에 여기서 거론되는 것은 「고사기」, 「만요슈」였다.

「고사기」는 황실 중심의 국가 건설을 이야기하는 서사문학이며 일본 국민이 개인을 넘어선 것을 실현하려 한 것을 의미한다. 개인이 감정생활에 눈을 뜨는 기록인 「만요슈」와 함께 그것은 '국민문학'의 관념을 실현했다. 그러나 그 후 국가 쪽은 문학사상을 압박하고 또 작가 쪽에서도 개인생활에 침잠하여 마침내 '사사로운 개인'의 것이 된 문학은 국가와의 접점을 잃었다. 거기에서 이 글은 근대문학·사소설 비판으로 옮겨간다. "보편적인 것을 내면화하고 개인을 초월한 것을 체험할 때 진정한 개성의 성장이" 있을 터인데, 그러나 "우리 문학에서 이러한 숭고한 개성에 접하는 일은 드물다".

이 교재도 또 문학을 이야기한다기보다는 주체 형성의 이론을 이야기하는 글이 되어 있다. 국가와 관계하지 않는 뿔뿔이 흩어진 '나'가 아니라, 개인을 넘어선 가치의 건설에 관여하는 숭고한 개성이 이상화되어, 개성 실현을 향한 경향과 개인을 초월한 전체로 살려고 하는 경향과의 합류에 '국민문학'이 성립할 터이라고 설명하고 있다.

다이쇼기에 쓰인 이 글은 이제 전후 교과서라는 언설 공간을 새로운 문맥으로 발견하며 전후의 언설로서 되살아났다. 그러나 이 글로 보아서는 행복한 다이쇼기에서 어두운 쇼와기로 이행하는 사이에 도이 자신이 말할 정도 결정적인 단절이 있다고는 느껴지지 않으며 흔히 말하는, 전후를 경계로 한 가치관의 역전도 느낄 수가 없다. 다이쇼기에 쓰여 전후에 재활용된 이 글이 바람직한 개성이라고 간주하는 것은 국가의 가치를 내면화한 개성인데 이것은 전시 하에도 역시 바람직했던 것이 아니었던가?

5) 서양과 일본의 자연

『새 국어(개정판) 문학』의 최종 학년·마지막 단원은 '문학의 본질'로, 와쓰지 데쓰로(和辻哲郎 1889-1960) '예술의 풍토적 성질(芸術の風土的性質)'이 교재이다. 『풍토 인간학적 고찰』의 제4장에 해당하는 부분의 발췌이다. '풍토'에 의한 자기 이해란, 더위추위를 주관적으로 느끼는 '개인'의 자기 이해가 아니라, 더위추위를 공유하며 그를 막는 수단을 여러 가지로 강구하는 '우리'를 이해하는 것이라는 글이다. 그리고 "단지 현재의 우리끼리 함께 막고 함께 일하는 것만을 의미하는 것이 아니다. 우리는 선조대대로 오랜 기간의 이해의 축적을 우리의 것으로 삼고 있는 것이다." 풍토를 존재 규정으로 삼는 자기 이해는 개인을 넘어서 우리로, 또 현재를 넘어서 전통의 이해로 이어지는 관점이라고 이 글은 설명한다. 특정 국가의 국민이 아니라 보편적인 인간으로서의 '개인'을 강조한 전후 초기로부터 주체 모델의 전환의 조짐이 일어나고 있는 과정이 관찰된다.

'풍토'에 의해 달라지는 예술이라는 발상은 교재로 수록된 대목에 의하면 다음과 같이 '세계'상(像)의 극적인 변용을 의식하는 데에서 얻은 것이었다.

……이 40년 동안에 인류의 역사 초유의, 새로운 세계의 모습이 성립되었다. 세계의 교통은 현저하게 용이해지고 정치와 경제는 전 세계가 예민하게 서로 영향을 미친다. 그와 같이 모든 문화는 서로 교차되고, 서로 물들이며, 서로 울린다.

와쓰지가 이 글을 쓴 것은 1929년인데, 90년대 후반의 세계화언설을 방불케 한다. 세계라는 이미지가 부상하자 그 이전과는 다른 문화적 발상이 태어난다. 하나라고 하기보다 서로 다른 다수의 '문화'를 어떻게 이해할 것인가의 문제가 부상하는 것인데 이 점 또한 현재의 우리에게도 흥미로운 논점일 것이다.

와쓰지의 경우 문화의 접촉에 의한 '전 세계'라는 이미지의 성립은 세계 보편성의 추구로 이어지는 것이 아니라 오히려 역으로 지역의 특수성을 발견하고 강조하는 방향으로 이어진다. 와쓰지는 이 경위를 '때'와 '장소', 역사의 축과 지리의 축의 관계로 설명한다. 세계의 각 지역이 서력으로 일원적으로 표현되는 그런 동일한 하나의 역사를 경험하게 됐을 때, "바로 그 사정 때문에", "장소"에 의해 다른 "예술의 풍토적 성질"이 나타나게 된다는 것이다. "예술의 형식"에는 세계가 일원화되어 버리기 이전, 몇 개인가의 "장소"로 떨어져서 서로 다른 시간을 살아 온, 그 역사의 차이가 깊게 관여하고 있으며 그 특수성은 "전 세계"라는 이미지가 성립되었을 때야말로 밝혀진다는 것이다.

교재에 들어간 부분은 아니지만, 와쓰지는 『풍토』 서문에 『존재와 시간』의 하이데거가 "사람의 존재 구조를 시간성으로 파악하는 시도"에 흥미를 느끼면서도 동시에 왜 "공간성"을 고려하지 않는가가 자신에게는 문제라고 적고 있다. 서양 철학의 틀에 대해 이의를 제기한다는 자세가 보인다. 교재에 들어간 부분에서 인용하면, "특히 우리 동양인에게는 오랜, 특수한 전통을 사상하지 않은 한, '장소'의 차이가 관심의 중심이 되지 않을 수 없다"라고 적고 있다. 세계의 교통이 용이해지고 정치·경제·문화가 전 세계적으로 영향을 서로 미친다고 하여도 이런 변용에 있어서 주도권을 쥐고 있는 것은 구미이며 세계가 하나가 된다고 하는 것은 세계의 서양화, 서양의 문화와 가치의 보편화를 의미한다. 이 때 서양인이 아닌 '동양인'에게 스스로의 문화적 정체성이 심각한 문제로서 불거지게 된다. 요술거울로 분할된 세계처럼 '장소'의 차이를 유지해야 한다는 위기의식이 서양 측에는 존재하지 않고, 그것은 오로지 '동양인'에게만 존재하는 사활문제인 것이다. 이렇게 세계가 하나가 되는 시대에 서양·동양의 비대칭성이 문제시된다.

즉 풍토·문화론은 객관적인 지리와 자연에 근거한 기술이 아니다. 서양인과 '우리'와의 차이는 자연·풍토에 근거하는 것이 아니라, 이 비대칭성의 의식에 유래하는 언설인 것이다. 이런 논점은 매우 흥미로우나 그럼에도 불구하고 교과서는 이 후 서양과 동양의 자연관이 급속한 실체화로 기울어가는 부분에 포인트를 두고 채록한다. 서구에서는 온유하고 질서 있는 자연은 단지 정복되어야 할 것, 또 거기에서 법칙을 발견해야 하는 것이지만, 동양에서 자연은 그 비합리성 때문에 결코 정복될 수 없는 것, 거기에서 무한의 깊이가 존재하는 것, 이라고 한다. 서양의 합리주의에 대한 동양의 비합리라는 언설은 틀에 박힌 이야기지만 문화를 기후 풍토라는 자연과 다시 연결시킨 이 글은 당시 주목을 받았다. 문제를 문제로서 끄집어내기 위해서는 비교라는 작업은 필요하며 그것을 본질주의라며 잘라버릴 수는 없다. 그러나 와쓰지와 같이 '국민성'을 자연의 레벨에서 규정한다면 그것은 인위적인 변화를 허용하지 않는 '숙명'으로 화할 것이다. 그리고 필자는 바로 그런 인위적인 변화, 즉 혁명을 싫어한 듯하다.

이와 같은 과거의 전통에서 가장 용감하게 자신을 해방시킨 듯이 보이는 러시아적인 일본인조차, 그 운동의 성급한 흥분성을 볼 때, 일본 국민성을 여실히 보여준다. 변화 많은 일본 기후를 극복하는 일은 아마도 부르주아를 극복하는 것보다 힘들다.

느닷없이 "러시아적인 일본인"이 등장하는데 이 글이 쓰인 쇼와 초기에는 사회모순을 바꾸려 하는 노동자나 젊은 지식인을 혁명 운동이 강력하게 끌어들이고 있었다. 사회라는 것은 바꿀 수 있는 것이다, 라는 신념을 사람들이 가졌던 시대이다. 와쓰지는 이런 혁명 운동가들을 냉소하며 "우리는 이런 풍토에 태어났다는 숙명의 의의를 깨닫고 그것을 사랑하지 않으면 안 된다"고 글을 맺고 있다. 국민성은 기후 풍토라는 불변의 자연에 연결됨으로써 그것에 찬성하거나 반대하거나 하는 개개인의 주관을 넘어서게 되며, 이런 문화론이 이야기하는 것은 문화란 받아들여 사랑하는 이외에는 선택지가 없는 '숙명'이라는 것이다.

이것은 쇼와 초기 당시의 언설임과 동시에, 냉전 대립이 격화된 이 시기에 재보급된 언설이기도 하다. 와쓰지는 다이쇼 교양주의 세대의 한 사람이다. 다이쇼기적인 세계주의, 보편주의는 한 세대 아래인 마르크스주의자들로부터 역사적, 사회적 규정이 결여된 즉 계급이라는 관점이 결여된 추상이며, 결국 현 체제를 초역사적으로 이야기함으로써 보편화하는 이념이라고 비판을 받는다. 다이쇼기의 세계주의, 보편주의의 실천 형태는 동서고금의 교양을

습득함으로써 개인으로서의 인격을 고양시키는 인격주의, 교양주의인데, 이러한 지향에는 역사나 사회 등의 카테고리를 갑자기 초월해 버리는 성향이 확실히 존재했다. '세계'나 '개인'도 실제는 인종, 국가, 계급, 성에 의해 차이가 생기고 차별이 생기는 분단선이 존재한다. 와쓰지는 서양과 동양의 차이를 위시한 각지 풍토의 차이를 이해했으나 그렇게 도출된 국민성은 숙명이었고, 국민성 안에 존재하는 차이의 존재에 대해서는 무관심해 보인다.

첫머리에 세계주의를 내건『새 국어 문학』은 이처럼 숙명적인 국민성 안에 갇혀 있었다.『새 국어』의 개정 시, 개인과 세계를 매개하는 중간 항은 '사회'에서 '국가'로 바뀌는데 도이 고치의 세계문학＝국민문학, 와쓰지 데쓰로의 풍토＝숙명이라는 교재 선택도 그 방향을 따르고 있었다.

'세계문학'의 표상은 곧 바로 실재하는 여러 외국 문학작품을 가리켰던 것은 아니며, 전쟁기의 국민에게 전체였던 '국가' '민족'을 상대화하는 새로운 전체를 제시해야 할 터였다. 그러나 동시에 '세계'라는 추상적인 이념이 문학의 영역에서 구체적인 형태를 취할 경우, 문학이 언어예술인 이상 무엇인가의 '국어'에 의해서 구체화되어야 할 것으로 취급되었다. 즉 세계문학은 나라 이름을 머리에 씌운 국민문학으로 구체화되었다. 이것은 국가 간의 관계로서의 국제관계라는 세계 이해의 틀을 그대로 문학의 장에서 반복한 것이었다.

괴테가 '세계문학'의 착상을 얻은 것은 1827년의 일이다. '순수 인간성의 승리'라 일컬어지는 괴테의 세계문학은 나라 이름을 앞에

단 각국 문학의 수집이 아니라, 미래에 실현될 이념으로서 제시되었다. 스피노자에 경도한 괴테에게 진실한 인식의 도착점은 '영원의 상(相) 아래'인 것이다. 그러나 이때의 '세계'는, 즉 유럽세계를 의미하고 있으며, 유럽세계야말로 합리주의 정신을 체현하고 있어 다른 문명화되지 못한 지역에 대해 우위에 선다, 라고 하는 것은, 식민지주의적인 모더니티를 구동시킨 사고형식임이 명백하다.

　현재, '세계문학'은 예전의 교양주의적인 명작은 아닌 쪽으로 가고 있다. 1996년부터 97년에 걸쳐 간행된『세계 문학의 프론티어』(이와나미서점)에는 에드워드 · 사이드(Edward W. Said 1935-2003)의「망명생활에 관한 고찰(Reflections on Exile)」, 트린 T. 민하(Trinh T. Minh-ha 1952-)「내 밖의 타자 · 내 안의 타자(Other than Myself, My Other Self)」, 요나스 메카스(Jonas Mekas 1922-)「물가에서, 숲 속에서(Le livre de luciole)」등이 수록되어 있고, 97년 간행이 시작된 헤이본사(平凡社)『새 '세계문학' 시리즈』에는 마리즈 · 콘데(Maryse Cond'e 1937-)나 자마이카 킨케이드(Jamaica Kincaid 1949-), 그리고 살만 루슈디(Ahmed Salman Rushdie 1947-)나 파트릭 샤무아조(Patrick Chamoiseau 1953-), 그리고『크리오요(Creole) 예찬(Éloge de la créolité)』이 들어 있다. 제3세계의 문학, 크리오요[8]문학 등 다양한 문화적 경계를 부각시키며 그것을 비평하는 작품이 '세계문학'으로 불리고 있는 것이다. 2001년의 노벨문학상을 수상한 V · S · 나이폴(Vidiadhar Surajprasad Naipaul 1932-)은 카리브해의 섬 트리니다드에서 인도 이민 3세로 태어나, 과거 종주국의 언어인 영어로 작품을

───────────

8 역자 주: 서인도제도에 사는, 유럽인과 흑인의 혼혈인.

썼다. 한 나라, 한 민족을 대표하듯이 그 나라의 모국어로 쓰는 작가는 아니다.

탈식민지화라는 역사적 과제와 함께 '세계문학'의 관념은 자유자재로 변용해 간다. 히라오카 마사아키(平岡正明 1941-2009)에게 『양석일은 세계문학이다(梁石日は世界文学である)』라는 책이 있다. 일본인의 옆에도 또 재일조선인에 의한 일본어 문학이 존재한다. 오키나와 섬 작가들의 일본어와 함께 그것은 일본어=국어라는 등호로 묶인 고정관념이 형성되기에 이른 그 역사를 재심에 붙일 것이다. 바로 괴테가 그린 '세계문학'의 꿈과는 다른 방향으로, 세계가 나아간 근대의 그 증언이, 지금 '세계문학'으로서 회귀하여 재부상하고 있는 것이다.

제2장

문학사와 문학이론

전후 초기 Ⅱ

1. 시마자키 도손(島崎藤村)과 '여명사관(黎明史觀)'

1) 전후시인·시마자키 도손

문부성 저작 교과서『고등 국어 1 상』(1947년 검정·발행)의 모두에는 시마자키 도손의 시집 자서(自序)가 배치되어 있다. 도손은 『파계(破戒)』(1906)를 위시한 작품에 의해 일본문단에 근대적 리얼리즘의 지평을 연 소설가이다. 그러나 그는 근대소설 창시자이기 이전에 근대시의 창시자이기도 했다.『파계』이전 메이지 30년대에『와카나슈(若菜集)』(1897),『일엽주(一葉舟)』(1898),『여름 풀(夏草)』(1898),『낙매집(落梅集)』(1901), 이라는 일련의 시집을 발표하고 그것들을 모아『도손 시집(藤村詩集)』(1904)을 간행했는데 그때의 서문은 다음과 같이 장대하고 로맨틱한 것이었다. 시인·시마자키 도손에 의한 말하자면 근대시의 선언이다.

마침내 새로운 시가의 때가 왔다. / 그것은 아름다운 새벽녘과도 같았다. 혹자는 옛 예언자와 같이 외치고, 혹자는 서방의 시인과 같이 부르짖고, 저마다 광명과 새 목소리와 공상에 취한 듯하였다. / 젊은 상상은 긴 잠에서 깨어나 민속의 말을 장식하였다. / 전설은 다시 살아났다. 자연은 다시 새로운 색을 띠었다. / 광명은 눈앞의 삶과 죽음을 비추었다. 과거의 장대함과 쇠퇴를 비추었다. (이하 생략)

동틀 녘이니 각성이니 창세기를 방불케 하는 서두이다. 당연하지만 이 글이 교재로 사용될 때 교과서 맨 처음에 위치하였다. 문부성 저작 교과서가 고교 1학년용 교과서 첫머리에 이 서문을 두자, 이후 민간회사의 검정교과서도 같은 위치를 답습한다. "마침내 새로운 시가의 때가 왔다"로부터 고등학교 국어의 전 과정을 시작하는 것이 당시의 약속이었다.

『새 국어 우리들의 독서』(1949)에는 예와 같이 편집 측이 이 한 권에 담은 이상을 노래하는 권두 서언으로 "우선 개인이 확립되지 않으면 안 된다"라는 정신 혁명의 과제가 게시되고, 그 다음에 오는 것이 "마침내 새로운 시가의 때가 왔다"이다. 개정 후의 『새 국어(개정판) 문학 1』의 첫머리, 'I 새 길'에서도 역시 이 서문이 첫 교재로 사용되는데, 이 단원의 목표를 나타낸 글에는 "자아에 눈뜨려고 하는 자유로운 개인" "나날이 새로운 자신을 만들려고 하는 의욕" 등의 표현이 보인다. 메이지로부터 되살아나 전후라는 새로운 문맥을 얻은 도손 시집의 자서(自序)는 자아의 확립, 개인의 확립이라는 근대적인 가치관을 이야기하는 글로서 교과서의 지면에 클로즈업된 것이다. 편집 측의 관심은 '새로운 시가의 때'가 아니라 '새로운 시가의 때'에 있었다. 과거의 어두운 밤의 시대가 지나고 지금 새로운 새벽을 맞는다는 신생의 이미지 때문에 도손의 말이 전후 교과서의 권두를 장식하게 된 것이다.

인간 도손은 전쟁 중인 1943년에 서거했지만, 이 시인·작가의 말은 시작·새벽·신생이라는 일련의 이미지를 통하여 전후라는 시대에 소생한 것이다. 도손의 작품은 전전·전중을 통하여 신뢰

받은 교재였다. 특히 전후의 문부성 저작 교과서에서의 비중은 각별했다. 1학년 교과서 첫머리에 실린 시집 서문을 시작으로 하여, 2학년용에는 '1 문장을 배우는 사람을 위하여', 3학년용에는 '8 벽시계[「폭풍우(嵐)」의 발췌]라는 식으로 각 학년에는 반드시 뭔가 도손의 글을 읽도록 교과과정이 설계되어 있었다. 이 정도의 교재 사용 예는 다른 작가에게선 전례가 없다. 민간회사의 검정교과서에서도 『현대 국어 1 상』(成城国文学会 49년)의 맨 처음에 '1 출발'이라는 제목으로 「폭풍우」의 한 구절이 사용되었고, 그 외에 『동 트기 전(夜明け前)』이나 『집(家)』 등 장편소설도 발췌되어 50년대 후반에 이르기까지 사용되었다.

전후의 도손 교재에서는 "생각한다면 말하는 것이 좋다. 주저하지 않고 말함이 좋다."(시집 자서), "시를 새롭게 함은 내게는 말을 새롭게 함과 같은 뜻이었다. / 과거의 말의 어두움. 지나간 때를 돌이켜 생각하면 말은 놀잇감이 되고, 마모되고, 유린되고……"(문장을 배우는 사람을 위하여) 등의 구절이 사랑을 받았다. 구시대의 구속으로부터 몸부림치듯 나타나 새 시대를 유감없이 이미 지화한 근대 서정 시인의 본령 발휘이다. 이 시인에게 기대된 것은 전근대와 근대를 절단하고 거기에 암흑의 밤에 대한 여명의 예감, 암에 대한 명의 선명한 대조를 부여하는 일이었다. 근대의 개막을 이야기하는 이 작가의 말을 호출함으로써 전후라는 시대는 일단 좌절한 근대화의 재출발을 다시금 생기 있게 채색할 수 있었던 것이다.

2) 사실주의와 낭만주의

마사무네 하쿠초(正宗白鳥 1879-1962)가 쓴 평론 '시마자키 도손(島崎藤村)'(『새 국어 문학 3』(51년) 역시 도손 교재의 일종으로 보아도 된다. 마사무네 하쿠초라는 작가는 별로 거리낌이 없는 타입이어서, 도손은 거창하고 너무 무거운 작가여서 작중 모델을 알지 않는 한 지루해서 읽기가 어렵고, 하쿠초 자신은 너무 읽기가 힘들어서 10행 건너뛰고 읽은 적도 있다고 쓰고 있다. 일견 도손을 추천하는 글로 보이지 않는다. 하지만, 이것은 'Ⅲ 평론의 정신'이라는 단원에 편입된 교재이다. 단원 요지 일람표를 참조하자.

문학작품을 감상하는 것에서 시작하여 작품을 해석하거나 연구하는 것, 혹은 사회적 혹은 역사적으로 보는 것도 배워 왔습니다. 작가에 관해서도 마찬가지이며, 문학사나 문학이론에 관해서도 어느 정도 알게 되었을 터입니다. 당연히 이것들을 종합하여 비판적으로 보는 것에 대해서도 생각이 미쳤을 것입니다. 이것은 인문과학으로서 손색이 없습니다만 그 비판 정신이 단적으로 나타난 창작 활동인 문학평론을 중심으로 여기서 다시 생각하기로 합시다.

전후 초기의 국어는 문학사, 문학이론뿐만 아니라 이렇게 문학평론에도 크게 지면을 할애했다. 문학평론은 '인문과학'이며 '창작 활동'이었다. 문학평론이 하나의 장르로서 인지되기 위해서는 그 전제로 문학에 관한 언설이 사람들의 문제의식에 관여한다고 인정되고, 따라서 공공권의 일부를 이룬다고 인정될 필요가 있다. 문학이 단순히 개개인의 취미나 오락으로서가 아니라 역사적 또 사회적으로 유의미하다고 인식될 경우에 한해 문학평론은 존재 이유를 가질 수 있다. 당시의 국어 교육은 당시 문학의 사회적 위치와 비중을 반영함과 동시에 또 수행적으로 그 위치 및 가치를 재생산하도록 작용하며 그것을 보증하고 있었다. 이런 문화 환경 속에서 문학평론은 '비판 정신'이라는 극히 중요한 정신의 태도를 작동시키는 장으로서 인식되었다. 그렇다면 마사무네 하쿠초가 도손 소설의 해결 불가능한 지루함을 강조해 본들 도손의 위대함에 변화는 없다. 평론의 대상이 되는 작가란 칭찬을 하든지 비판을 하든지 아무튼 무시할 수 없는 작가로 우뚝 서는 것이다. 비판을 포함하여, 평론되고 인용되는 빈도는 문학적 캐논(성전, 정전)이기 위한 하나의 필요조건이다.

물론 하쿠초의 평론은 도손은 읽기 힘들다, 재미없다 등의 견해로 시종일관하는 것은 당연히 아니다. 하쿠초는 "도손 씨의 본령은 준엄한 사실주의자임에 있지 않고 낭만주의 작가임에 있다"라고 말한다. 사실주의·낭만주의라는 짝을 이루는 비평용어는 당시 교과서에서 의외로 중요시되었다. 이 짝을 이루는 개념은, 자연주의·낭만주의, 객관·주관, 현실주의·이상주의, 혹은 어른(의 현실주의)·청년(의 이상주의) 등 부수적인 짝 이미지를 포함하며 상호 관련하는 다른 짝 이미지로 전치되며 전후 초기 교과서적 문학사를 전체적으로 지탱했다. 외재적 권위나 미몽에 사로잡히지 않고 눈앞의 사물을 그대로 객관적으로 포착하는 사실주의 정신은 근대정신의 출발점으로 중요시되어야 한다. 하지만 눈앞의 현실을 보기만 하는 것이 아니라 그 곤란한 현실을 극복하기 위한 이상 또한 불가결의 정신적 요소이다. 근대적 주체란 바로 사실주의의 눈을 가지면서 현상에 안주하지 않는 낭만주의를 가져야 한다─이 짝 개념에는 그런 교육적인 메시지가 담겨 있었다고 생각된다.

다만 이 대립에는 말하자면 특수한 일본적 사정이 얽혀 있었다. 일본문학사에서는 사실주의 개념 안에, 진정한 사실주의 즉 서구 문학의 사실주의와, 유사 사실주의 즉 일본적 사실주의라는 부차적인 구별을 해야 할 필요가 있었다. 근대정신의 확립을 획득 목표로 내거는 교과서는 객관적, 과학적 정신을 설명하기 위해 사실주의의 중요성을 강조하지만, 그러나 일본의 근대작가들은 서구의 사실주의가 유래하는 근대정신을 오해하여 그 오해의 소산으로 일본적인 소박한 사실주의(자연주의＝사소설적 사실주의)를 낳고 말았다, 라는 것이 당시 문학사를 저류하는 이야기였다. 이 문학사 플롯은 문학 이외의 일반적인 언설과 메타히스토리의 레벨을 공유한다. 즉 일본근대는 서구에서 완성된 과학기술과 표층의 생활양식을 수입함으로써 근대화에 성공했지만 그러나 그것을 성립시킨 근대정신에 관해서는 끝내 이해하지 못했다고 하는 언설, 일본근대의 '뒤틀림'이라는 언설이 존재하며 그 문학사 판이 오해의 소산인 일본사실주의라는 이야기이다. 진정한 사실주의 정신은 근대적 주체로서 획득해야 하는 목표이지만 특수한, 일본적인, 소박한 사실주의는 극복해야 할 대상이다. 그 때문에 소박한 현실에서 이룩하기 위한 계기로서 이상을 유지하는 낭만주의가 강조되게 된 면도 있다.

마사무네 하쿠초는, 전후 교과서를 위해서 시마자키 도손론을 쓴 것은 아니다. 그럼에도 불구하고 이 '도손'은 맞추기라도 한 듯이 전후 교과서적인 논조에 딱 맞았던 것이다. 사실주의 작가의 대표로 여겨지는 '도손'이지만 하쿠초에 의하면 그는 자질적으로 볼 때 시인이다. 메이지 말 자연주의 시대에 다야마 가타이(田山花袋 1872-1930)가 '현실 폭로'나 '무기교'를 문단 슬로건으로서 내건 데에 편승한 감은 있지만 예를 들면 장편소설 『집(家)』에는 "오래된 집안의 질곡을 깨고 새로운 세계로 나가려고 하는 노력"이 엿보여 단순히 어두운 현실을 추인한 것만은 아니다. 오래된 이에(家) 제도의 전통의 지배를 벗어나는 것은 쉽지 않고 결국 『집』은 어둡지만 그러나 어딘가 청신한 세계를 맞으려고 하는 노력이 있다고 하쿠초는 쓴다.

무엇보다 도손의 『집』이라는 소설 제목인데 이 역시 맞춘 듯이 전후적 언설에 적합한 것이었다. 당시의 사상문학에서 '집'이란 부동산을 말하는 것이 아니라, 하나의 관념이며 자유로워야 하는 '개인'을 속박하는 봉건적·전근대적인 유물을 의미했다. 근대문학사, 사상사에서 근대적 자아의 확립은 종종 '집'과의 전투, '집'으로부터의 탈출로 이야기되었다. "슬슬 날이 밝아오지 않을까?" 하며 한쪽 덧문을 열어보지만 집 밖은 아직 어두웠다, 라는 『집』의 마지막 장면을 인용하는 하쿠초의 글을 보면, 도손 자신은 생각지도 못했을, 전후 사회에서 차지할 상징적인 의미를 완벽하게 도손

이 이야기하고 있다는 생각이 든다. 전근대적 유물은 여전히 뿌리 깊게 남아 있다, 하지만 일본 사회에도 동틀 녘＝근대는 반드시 찾아올 것이다. 동트기 전이 가장 어둡다, 라는 문구가 이 시기 활자 문구에 종종 보인다.

　"새로운 시가의 때"라는 여명의 이미지뿐만 아니라 시마자키 도손 소설에서도『집』,『동트기 전』,『신생(新生)』등 이미 상징적인 제목이 많다, 이런 장편을 실제로 읽어 버린 경우는 차치하고, 제목만이라면 모두가 지극히 웅변적으로 또 선명하게 전근대／근대의 대조를 만들어내고 있다. 도손이 전후 새롭게 정식으로 대두되는 과정에서, 이 명암의 대조를 기조로 하는 구호가 어두운 전시／전후라는 동틀 녘의 경계와 겹쳐진 것이다. 메이지 이래의 근대화가 '뒤틀린' 것이며, 개인의 주체성의 확립이 불충분했기에 일본 사회는 군부의 폭주를 허용하고 말았다, 그 반성으로부터 출발한 새 시대, 전후에 재근대화 프로젝트가 스타트를 끊는 것이라는 이해를 도손 작품의 제목은 완벽하게 이미지화했다. 전시 중에 죽은 도손은, 이렇게 전후의 카피라이터로서 성공을 거둔다. 물론 도손은 전전부터 이미 국어교과서에 사용되고 있었으며 또 '신생'이라는 말은 전쟁 중의 '신체제운동'의 문맥에서도 자주 사용된 말이었음에 주의할 필요가 있다. 시대의 문맥을 넘어서 같은 말, 그리고 같은 이미지가 유용된 것이다.

2. '문학사'라는 틀

1) 문학사의 등장

전술했듯이 전후 초기의 고교 국어교과서 『새 국어』는 언어계·문학계의 2분책 형식을 취했다. 그 중 문학계 분책인『우리들의 독서』는 1951년 검정의 개정판으로,『문학』이라고 명칭을 변경하고 문자 그대로 문학 교과서로서 개편되었다. 이를 계기로 문학교재의 양이 대폭 증가했는데 양적인 확충은 질적인 변화를 동반하였다. 이때 교재의 주안점으로 부상한 것이 문학사나 문학평론, 문학이론 등, 개개의 문학작품을 이해하기 위한 틀 혹은 이론장치로, 말하자면 메타 문학적 언설군(群)이다. 다양한 문장 중 특별히 문학을 학습하는 데 어떤 의의가 있는지를 설명함으로써 메타 문학적 언설은 '문학'의 존재이유를 보강했다. 전후의 사회는 '문학'에 어떤 기대를 걸었는가, 이 절에서는 '문학사'라는 언설을 중심으로 이것에 대해 생각하겠다. 개개의 뿔뿔이 존재하는 작품에 일정한 의미를 부여하고 일정한 질서 하에 편성하는 틀로서 기능한 것이 문학사였다.

메이지기의 시인 도손이 전후의 교과서에 등장할 때, 봉건시대의 흑암과 근대의 여명과의 대조가 1940년대라는 스크린 위에 커다랗게 투영되어, 선명한 명암의 대조를 만들어냈다. 이것은 전후 초기의 가장 유력한 교과서 작가인 도손만이 아니다. 다른 작가,

작품 또한 전근대와 근대, 암야와 서광이라는 대조를 보강하도록 배치되었다. 역사의 흐름, 시대의 변화를 이미지화하는 데 있어 문학사는 극히 편리한 매체였던 것이다. 무엇보다 문학은 인간정신의 본질에 관계된 영역으로 간주되었던 것이다.

문학사는, 과거의 작품의 집합에 적절한, 때로는 부적절한 이름을 붙임으로서 혹은 이름을 붙이지 않고 방치함으로써 많은 작가·작품을 체로 가려낸다. 문학사에 등록되는지 되지 않는지의 갈림길에서 일부 작품이 일정한 질서 하에 적당한 가치를 획득하고 대신 많은 작품들이 잊혀 진다. 문학사는 방대한 작품의 집적에 대해 배제의 장치/통합의 장치로서 기능해 왔는데 그 영향력의 공과 또한 크다.

문학작품은 과거의 한 시점에 발표되어 그 날짜를 갖는 역사적 사료로서 존재하는 한편 후대의 독자에게 다시 읽혀지고 해석됨으로써 비로소 문학으로서의 의미를 갖는다. 즉 문학작품은 과거와 현재에 동시에 속하는 것이다. 그러나 현재의 독자는 아무런 전제 없이 작품을 만나는 것은 아니다. 문학사라는 장치로 체질되어 문학사에 등록된 작품만을 만나게 되는 것이 현실이다.

때문에 기존의 문학사에 대해 이런 저런 작가가 빠져 있다, 작가를 다루는 비중에 타당성이 결여되어 있다 등의 비판은 늘 있어 왔다. 다만 그것은 단순히 빠진 것을 보전하면 되는 그런 결락이 아니다. 흔히 말하듯 역사 서술에서의 결여란 그것을 매워 감으로써 조금씩 완전한 전체에 근접해 가는 결여가 아니다. 문학사가는 과거의 작품을 다룰 때 늘 현재의 자신의 문제의식을 가지고 역사를 쓴다. 역으로 말하면 문학사에 기록되지 않는 작품이란 문학사가의 문제의식이나 그 시대의 문학의 규범화에 소음, 말하자면 방해꾼이라고 할 수 있는 것이다. 즉 문학사가 일관된 방향성을 갖춘 이야기가 되기 위해서는 무엇인가는 쓰지 않고 자나갈 필요가 있다고도 말할 수 있다. 문학사에서의 결여란 말하자면 일관된 역사=이야기를 성립시키기 위해 그것을 빠트려야 하는 그런 필수적인 결여인 것이다. 문학사의 이야기가 일관성을 유지하면 유지할수록 그것은 그 스토리에게는 소음이 되는 것을 멀리 하고, 보지 않으며 그 결여에 의해서만 비로소 문학사의 이야기는 정합성을 확보한다.

따라서 이전 문학사에서 거론되지 않는 작품을 거론하려면 이전의 문학사적인 문제의식, 이전의 문학적 규범 자체가 근본적으로 바뀌어야 한다.

무엇을 문학사에 기록하고, 그 대신 무엇을 역사 밖으로 방치, 배제할 것인가. 이것은 문학사가의 현대에 대한 관심 속에서 형성되는 문제의식·방법·역사상의 구성 속에서 방향이 결정된다. 문학사의 질서 잡힌 기술(記述)에서 누락된, 구조적 혹은 거리적으로 유배되고 묵살되어 온 작품이 새로 문학사에 편입된다면 그것은 단순히 문학사의 쪽수가 늘어나는 것을 의미하는 것이 아니다. 방치되고 배제된 작품들은 그것들을 배제하지 않고는 성립될 수 없었던 문학사의 틀과 문학의 규범에 대해 변경을 요구하는 것이다. 일본 근대문학사에서 여성이나 구 식민지출신의 일본어 작가, 소수자 문학이 그 페이지에 등장할 때, 문학사의 기축 자체가 (잠재적으로는) 쇄신되었다는 것을 의미한다.

문학사가 문학작품을 대상으로 하는 이상, 그 기술에서 문학사가의 개인적 취미취향, 평가에 의한 주관성을 제거할 수는 없다. 그래서 문학사는 소위 역사 ― 객관적인 역사로는 인정되지 않는다고 말해진다. 하지만, 취미나 주관성이 정말로 '개인적'인 영역인지는 의문이다. 피에르 부르디외(Pierre Bourdieu 1930-2002)가 분석했듯이 '취미'는 사회학적으로 구성되어 있다는 시점에는 충분한 설득력이 있다『구별짓기 (Distinction)Ⅰ・Ⅱ』이시이 요지로(石井洋二郎) 역, 藤原書店, 1990]. 그렇다면 오히려, 문학사를 소위 객관적인 역사에서 배제하는 이유인 저자의 주관성, 발화의 포지션의 문제는 오히려, 역사기술 일반이 널리 공유하는 문제라고도 할 수 있다. 그러면 그 문제성이 확실히 나타나는 문학사란 역사기술이 아닌 언설이라고 하기보다 오히려 역사기술 일반의 문제를 첨예화하는 그 대표적 사례라고까지 말할 수 있겠다.

역사기술이 객관적일 수 없다는 인식은 또 객관적일 수 없기 때문에 항상 다시 쓰기와 재편제의 가능성에 대하여 열려 있다는 인식으로 연결된다. 그리고 문학사가・역사가의 현재의 문제의식에 입각하여 역사상이 변화할 수 있다면 역사기술 그 자체에도 또한 역사가 있다는 것이 된다. 이하, 전후 교과서적 '문학사'와 그 기술 질서의 변화에 대해 생각하기로 한다. 구체적인 교재를 거론하기 전에 포인트를 요약해 두겠다.

(1) 보편적인 발전 단계로서의 문학사. 시대정신과 문학형식・문예사조와는 상호대응하며 그것은 역사적으로

단계를 밟으며 발전한다. 문학사란 즉 인간정신의 발전단계였다.

(2) 이 발전사는 그 최종 도달점으로서 근대정신=근대소설을 상정했다. 이 역사는 목적론적 역사이며 주제가 되는 것은 '근대'였다.

(3) 근대문학 사조를 분절하는 축으로 자연주의·낭만주의의 양대 구별이 있었다. 이 대립에 지 / 정, 객관 / 주관, 현실 / 이상 등의 상호 관련하는 다른 짝 어휘가 중첩됨으로써 근대정신이라는 구성요소가 분절되고 내용이 부여되었다.

(4) 역사의 보편적 도달점으로서의 근대라는 시대=가치가 설정되는 순간에 일본근대의 문제가 일본적 사실주의 =사소설의 특수성이라는 형태로 도출된다.

(5) 이 일본의 특수성이라는 문제는 당초에는 머잖아 수정될 거라 생각된 문제점이었는데 점차 근대를 목적지로 하는 보편적 역사 속에 회수되지 않는 독립적인 논점으로 비대화하여, 결국 교과서의 언설공간을 전체적으로 재편하는 계기가 되어 간다. 이때 교과서에 있어서의 전후 초기가 하나의 마디를 맞이하게 된다.

전후 초기의 국어교과서라는 언설공간에 문학사라는 언설이 등장한다. 이 문학사는 문학 자체가 목적이 아닌 진보, 근대, 개인, 세계, 보편적 인간성, 민주주의 등 일련의 가치를 그 속에 짜 넣어

제시하는 언설구성체였다. 이하 전후 초기의 문학사의 담론과 그
것이 파탄하기까지의 논리를 검토하겠다.

2) 근대로 향하는 문학사

『새 국어(개정판) 문학 2』(51년)에 '문학사의 의미(文学史の意味)'
라는 교재가 있었다. 시오다 료헤이(塩田良平 1899-1971)『국문학사
의 연구(国文学史の研究)』에서 발췌한 글이었다. 이 교재는 구체적
인 문학작품들이나 문예사조의 이름을 나열한 문학사 기술이 아
니라, 제목 그대로 문학사 자체의 '의미'를 서술한 것이었다.

필자 시오다 료헤이는 우선 '문학'을 사회적, 문화적 생산물로서
정의한다. 하나의 작품은 작자에 의해 결정되고, 작자는 자신이
속한 시대에 의해 제약된다. 나아가 그 시대환경 또한 영겁에 이
어지는 시공간의 일부분을 이룬다. 단지 한 작품이라 해도 그 속
에 일본의 역사와 운명 전체가 포함되어 있다, 라고 한다.

이 문학개념에서 작자는 일개인이 아니며 작품도 고립된 한 작
품이 아니다. 시오다는 독자에 대해서는 언급하지 않지만 역사적
인 의미를 갖는 작품을 읽는 사람 역시 기분전환이나 심심풀이로
우연히 소설을 손에 잡는 그런 개인이 아니다. 작자든 독자든 문
학의 행위자는 과거의 문화와 미래의 문화의 결절점에 위치하고
있으며 그런 점에서 자기 개인의 의식을 넘어 역사적, 사회적 존
재인 것이다. 문화사의 과거와 미래의 흐름 속에서 작품을 자리매
김하는 언설을 여기서는 사상으로서의 '문학사'라고 불러두겠다.
전후 초기의 고교생을 위해 준비된 이 교재는 실로 '문학사의 의

미'를 명쾌하게 설명한 교재였다.

이 글이 말하는 '문학사'는 각 시대의 문학의 담당자가 점차 확대되어 가는 역사이다. 문학은 예전에 특권계급의 전유물이었다. 그러나 역사의 진전과 더불어 고위 귀족에서 무가로 무가에서 상인으로 문학의 지식은 점차 넓어져 간다. 그리고 인쇄 문화의 발전으로 문학 수용권이 농민이나 노동자, 국민 전반으로 보급되는 것이 근대, 즉 메이지 다이쇼 이후의 시대이다. 또 이런 확대는 특권 계급의 소실, 평등한 사회의 성립을 의미한다. 이 '문학사'는 즉 문학민주화의 역사인 것이다. "지금은 귀족문학 없고 무가문학 없고 상인문학 없고 다만 개성문학의 시대가 되었다", "앞으로 이 개성은 더욱 복잡하게 분화할 것이며 한편으로는 정리, 통합되어 갈 것이다." 그러나 어떠한 경우에도 그것은 "인간성에 입각한 문학"이며, "근대문학이란 광범위한 인간성을 기조로 하는 개성적인 문학"인 것이다. 근대를 기다려 등장한 새로운 인간상으로서의 '개인', 그리고 개개의 개성을 지탱하는 공통분모로서 보편적 인간성을 요청하는 것이 근대문학이라는 단계이다. 제1장에서 보았듯이 전후 초기에는 세계문학과 보편주의의 담론이 언설을 통괄하는 핵심이었다. 여기서 검토하는 역사의 축에 따른 담론에서도 역시 보편적 가치가 필요했던 것이다. 근대 개인의 문학으로 향하는 '문학사'는 보편성과 개성을 통합한 언설이었다.

이 언설은 개개의 구체적인 작품을 참조하지 않고 성립되었고, 또 참조하지 않았기에 성립되었다. 이 시기 문학작품이 양적으로 확충됨에 있어 개개의 교재에게 의미를 부여한 것은 이런 메타 문

학적 언설이었다. 문학사 자체의 의미에 대해 쓴 평론은 이 외에
도 눈에 띈다. 2학년에서 시오다 료헤이의 '문학사의 의미'를 읽은
학생들은 3학년이 되면 구도 요시미(工藤好美 1898-1992) '문학의
본질(文学の本質)'을 배우게 된다. 이 글은 서정시, 서사시, 극, 소
설은 각각이 포함하는 경험이 역사적으로 다르다는 내용으로, 시
대별 주도적 문학 장르의 변천 속에서 시대정신의 변천을 읽어내
려고 하는 글이다.

역사적으로 변화하며 교체되는 문학 장르란 문학 안에 파고 들
어간 각각의 역사·사회의 경험이 취하는 형식이다. 문학형식의
역사는 즉 인간정신의 발전사이며 최종적으로 근대적 문학 장르
로서의 소설에 이른다. 구도의 글의 경우, 문학이 사회에 의해 규
정될 뿐만 아니라 문학과 사회는 상호 규정하고 초월하는 관계에
있다. 작품은 그 생산의 역사적 조건에 대하여 초월적이므로 문학
은 시대정신의 반영인 이상으로 시대정신을 새로운 단계로 추진
하는 다이나믹한 힘이라고 본다.

전술한 시오다의 '문학사의 의미'는 'Ⅰ 민주적 사회로'라는 제명
의 단원에 배치되어 있다. 이 단원의 요지에는 "개인은 자유로운
한 사람이기는 하지만 또 사회적, 역사적 존재이기도 합니다." "사회
적 연대와 역사적 필연, 개인은 이 속에서 살고 있습니다"라는 문장
이 보인다. 이 인식이 왜 '문학사'를 요구하는가 하면, "문학이 현실
을 구체적인 형상으로 느끼거나 생각하는 것인 이상, 그 근저에
남을 자신처럼 느끼고, 과거를 현재처럼 생각하는 힘이 요구되는
것은 당연"하기 때문이다. 문학은 그 자체가 역사적·사회적으로

형성된 것이며, 그 역사는 '민주적 사회'로 이르는 역사 그 자체이다.

이와 같이 '문학사의 의미'가 설명된 후에 '고전과 근대'라는 단원이 이어지고 "역사적, 사회적 존재로서의 인간"과 "그런 인간이 생산한 문학의 역사적 사회적 의의"를 생각한다는 목표가 제시된다. 시오다의 글이 문학은 각 시대에 호응하는 양식을 갖는다는 메타 문학사를 제시하자, 그것을 구체화하는 형태로 고전에서 현대로 연속적으로 발전하는 작품이 편제되고 배치되어 있는 것이다. 다양한 문장을 모아 만들어지는 교과서의 경우, 교재의 내용만이 아니라, 그것을 어떻게 배치하는가 하는 편집 레벨에도 메시지가 있다. 고전 교재가 중심이었던 전전의 교과서와 달리 전후는 근대문학이 중심이 되었는데 이 시기도 고전 작품이 사라져 없어지는 것은 아니다. 그저 그것은 근대라는 목적지를 향해 나아가는 문학사의 한 단계였다.

문학사란 인간정신의 역사로 간주되었고, 그 역사는 근대적 개인의 확립, 개인 주체를 구성단위로 하는 민주적인 사회의 획득을 도달 목표로 삼은 목적론적 역사였다. 개개의 작품도 기본적으로는 이런 목표 하에 방향이 결정된다. 전후 초기의 '문학사'는 구체적인 작품에 대해서는 거의 언급하지 않는데 구체성이 없기에 가능해지는 정신의 역사로서의 의미가 부여된 것이다.

3) 근대적 주체를 기른다

이 외에도 나카노 요시오(中野好夫 1903-1985) '근대소설의 기원과 발달―근대 사실주의에 관하여(近代小説の起源と発達―近代リ

アリズムについて)', 약간 시기가 내려오면 구와바라 다케오(桑原武夫 1904-1988)의 '근대문학에 관하여(近代文学について)' 등 근대문학, 즉 근대적 주체를 담당자로 하는 문학의 확립에 이르는 발전 단계적인 문학사＝정신사를 그린 평론은 필수적으로 다루어진다.

나카노 요시오의 '근대소설의 기원과 발달 — 근대 사실주의에 관하여'는 『고등 국어(개정판) 3 상』(52년)의 '문학 연구'라는 단원에 들어가 있다. 이 교재와 함께 나쓰메 소세키 「유리문 안」, 모리 오가이 「한산습득」, 거기에 더하여 '참고'로서 '낭만주의와 자연주의'를 설명한 글과 하기와라 사쿠타로(萩原朔太郎 1886-1942) 「유전(遺伝)」이 이어서 한 단원을 구성하고 있다.

나카노 요시오의 '근대소설의 기원과 발달 — 근대 사실주의에 관하여'는 '근대소설'과 '근대 시민사회'를 등호로 묶은 글이다. 서사시라는 장르가 건국신화를 비롯하여 민족의 이상과 민족 전체의 의지를 표현하는 장르인 데 반해, 근대소설은 근대 시민사회에 등장하는 개인의 운명을 그리는 장르로 간주된다. '근대 사실주의'는 프랑스혁명·산업혁명에서 등장한 부르주아(근대시민)가 자신들에게 리얼한 생활 감정을 다루는 문학을 원한 데서 성립했다. 거창한 과장이나 감상 없이 본 사실을 전통이나 형식, 수사 없이 서술하는, 그 산문정신이 바로 과거의 인습에서 해방된 시민정신이다. 근대소설에서는 영웅도 왕족도 아닌 "테스라고 하는 입에 풀칠하기도 힘든 마부의 딸의 운명이 오이디푸스 왕의 운명과 동일하게 중대"하며, 『밑바닥(どん底)』의 부랑인이나 도둑은 『일리아드』의 신들과 같이 중대한 역할을 짊어지고 등장한다.

이것은 개인의 존엄, 실력, 자신이라는 기반 위에 이룩된 시민사회의 문학으로, 오히려 당연하지만 "사람 위에 사람을 만들지 않았고, 사람 밑에 사람을 만들지 않았다"라는 근대 시민사회의 민주주의 정신은 근대소설의 세계에서도 또한 그 대로 나타나고 있는 것입니다.

'연구의 길안내' 코너에는 "근대 시민사회 성립의 2대 요인을 말하라"라는 질문이 게시되어 있다. 즉 이 글은 문학사라고 하기보다 문학을 재료로 한 시민사회론인 것인데, 양자를 분할하는 발상은 어디까지나 후년의 '문학' 정의에 의거한 것이다. 이 시기의 '문학'은 문학 내부로 닫히는 것이 아니라 사회 속에서 사회를 비쳐내는 것으로 이해되고 있었다.

이 문장도 일반적인 근대소설＝시민사회를 제시함과 동시에 일본이라는 특수 사정에 대해서도 언급하고 있다. 일본문학의 역사에서 서양의 『테스』나 『밑바닥』의 단계에 대응하는 것은 에도시대의 상인계급의 대두와 이하라 사이카쿠(井原西鶴 1642-1693)의 등장이라고 보고 있다. 시민사회 성립에 이르는 역사가 보편적인 역사로 간주되는 이상, 그것은 어떤 사회에서도 공통의 발전단계를 밟아 나갈 터이다. 이른지 늦은지의 차이, 『밑바닥』과 사이카쿠의 차이는 있어도, 지구 상 어느 지역에서도 공통적으로 대응하는(대응할 터인) 단계가 상정되었다.

그러나 실제의 역사는 반드시 이념대로 진행되는 것이 아니며 문학사가도 그것을 알고 있었다. 하지만 그 경우 철회되는 것은 이념이 아니라 실제의 역사였다. 나카노 요시오의 이 글도 그러하다. 여기서 사용되는 것은 일본근대의 '뒤틀림'이라는 표현이다. "그 후 일본에서는 메이지에 이르기까지 근대소설의 발달이 서구의 그것처럼 쭉 연속적인 굵은 선으로 발달하지 않고 뒤틀린 게사쿠(戲作)문학이 되어 성장이 시들했는"데 "이 또한 일본 시민사회의 확립이 그 후 순조롭게 진행되지 않은 것과 분명히 대응하는 것이라고 나는 생각합니다."

이념대로 이상대로 발전하지 않은 사실은 그 사실 쪽이 잘못됐다는 비판은 역사기술로서는 물론 이치에 맞지 않는다. 하지만 근대적 개인의식과 시민사회의 확립이 과제가 된 전후 이 시대에, 문학사라는 언설 또한 이상을 내걸며 이상대로 진행되지 않은 역사를 단죄하는 담론 양식에 의거했다. 패전 후의 사회에서 중요한 것은 이상이었고, 문학사는 사회적인 이상을 개인의 레벨에까지 침투시키는 데 가장 유효한 매체였다. 개인의식의 레벨을 그것을 지탱하는 역사·사회 레벨과 연결하여 이야기할 수 있는 언설이었기 때문이다. 이치에 맞지 않은 단죄라고 해도, 그 이상이 없으면 사회를 세울 수 없는 시대였던 것이다.

다만 '근대소설'을 목표로 하여 진보하는 문학사 담론은 문자 그대로 '교과서적'이었다는 말을 첨언해 둘 필요가 있다. 교과서 외의 언설은 이렇게 현대문학을 이야기하지는 않는다. 예를 들면 전후파를 대표하는 작가·노마 히로시(野間宏 1915-1991)는 패전 이듬해에 『어두운 그림(暗い絵)』『얼굴 속의 붉은 달(顔の中の赤い月)』 등의 소설을 극히 난해한 문체로 썼고 그 새로운 수법과 문체에 의해 '전후문학'을 이전의 문학과 구별되는 것으로 확립했다. 현대의 인간은 더 이상 외부에서 정지적으로 대상을 파악하는 19세기 사실주의 수법으로는 포착할 수 없다고 작가는 생각한 것이다. 현대의, 착란에 가까운 복잡한 인간을 만들기 위해서는 외부만 아니라 내부로부터도 파악하지 않으면 안 된다. 그 경우 지금까지 일본 문학에서 사용된 직선적인 문체를 육체와 심리가 풀기 힘들게 얽혀 흘러가는 것에 조응하도록 굴절이 많은, 무거운 문체로 바꿀 필요가 있다[노마『새로운 예술의 탐구(新しい芸術の探求)』月曜書房, 1949]. 이 문체론은 이미 객관주의인 근대사실주의 소설의 문체론과는 이질적이며, 각각 상정하는 인간상도 이질적이다.

또 나카무라 신이치로(中村真一郎 1918-1997)는 "옛 질서, 시민사회가 낳은 19세기적 현실주의 소설의 방법 및 제시된 현실상, 그 근저에 있는 현실감은 오늘날의 현실과는 점차 거리가 크게 벌어져 간다"고 쓰고 있다. 즉 근대문학은 더 이상 오늘날의 과제가 아니다[「문학적 탈출(文学的脱出)」『전망(展望)』 1947.10]. 나카무라는 서구 19세기 사실주의가 되다 만 일본의 '사소설'이 '구상력 미성숙'의 소설 형태이며, "작자가 자신의 특수한 입장을 보편과의 관계에서 파악하지 않은"것은 분명하다고 인정하면서도 아무리 형편없어도 그 나름 근대소설로 이미 완성을 보인 이상, 그 위에 서구 근대소설을 목표로 삼는 것은 적절치 않다고 말한다. 오히려 "전중, 전후의 사회적 정신적 혼란" 속에서, "일상성을 지탱하는 전통, 습관, 권위는 무너지고, 사소설 자체가 성립할 기반이 상실되었"음으로 새삼 사소설을 극복하라고 하는 것은 빗나간 이야기이고 진정한 근대소설을 확립하라는 비판도 반음쯤 어긋나 있다고 한다.

또 교재 '근대소설의 기원과 발달－근대 사실주의에 관하여'의 필자인 나카노 요시오에 관해서도 교재가 아닌 글을 볼 필요가 있다. 1947년 3월 『세계(世界)』에 게재된 논문 「근대문학의 운명(近代文学の運命)」의 전반은 교재가 된 '근대소설의 기원과 발달'과 거의 동일 내용·동일 전개이다. 그러나 이 글은 후반의 전개가 있다. 즉 후반에서는 20세기 현대소설의 출현을 시야에 넣은 후, 거기서 19세기 근대소설의 한계를 구분하고 있다. '19세기적 사실주의'는 '성격'의 전체성이나 '인과결정론'에 근거한 문학이었으나 프로이트에 의한 무의식의 발견 이후 "인간은 이미 자신의 주인공이 아니"다. 현대의 인간에게 이미 성격이나 개성이라는 개념은 해체되었고 그런 개념에 기초를 둔 근대적 사실주의도 더 이상 성립 불가능이라는 견해는, 교과서 공간 밖에서는 드물지 않다.

그렇다면 국어교과서는 '이미 해체된' 문학이론을 앞으로 획득해야 할 목표로서 고교생에게 안겨준 게 된다. 교과서 밖의 말을 참조하면 문학의 과제가 아닌 당시의 '교육적 의도'의 윤곽이 보이는 것인데 국어 교육은 현대문학의 실험을 목적으로 한 것은 아니다. 교실 안의 문학사는 근대사회와 근대적 주체에 적절한 이미지를 부여하는 언설인 것이며 당연하지만 근대적 자아라든가 시민적 주체라든가가 '해체'되거나 '붕괴'되는 것 등은 바라지 않는다. 장래의 사회를 지탱할 젊은이들에게 성실한 시민이 되어주기를, 교육은 그렇게 바라는 것이다.

3. '사소설' VS 나쓰메 소세키(夏目漱石)

외재하는 권위의 지배를 받지 않는 '내면'을 갖고 자신의 생각을 사회를 향해 표명하며 언론이라는 이성적 방법에 의해 타인과의 합의를 형성한다. 이런 주체가 보편적인 근대시민의 모습이라고 한다면 뒤돌아보며 부정해야 할 것은 자율적 개인으로서의 '내면'을 갖지 않고 또 확고한 내면이 없는 만큼 외재하는 사회에 대한 의식도 갖지 못한 채 자연과 합일을 이룬 듯한 특수한 일본적인 '나'이다.

그런데, 보편적 시민 주체에 대비되는 일본 특유의 '나'라는 것을 설명할 때 매우 자주 사용되는 것이 일본 특유의 '사소설'이라는 문학사 용어이다. 진정한 근대 사실주의는 사회 전체를 그리는 것이지만 메이지기 일본에서 성립한 자연주의는 서구 근대의 사실주의를 수입한 것임에 불구하고 그 정신을 오해하여 작가의 생활 주변의 사소한 현실을 그리는 데 일관했다. 그 귀결로 일본에서는 '사소설'이라는 왜곡된 문학형식을 생산했다, 라는 것이 '우리나라의 특수한' 사정이다. '사소설'은 문학의 문제를 넘어 일본 근대의 상징이었다.

'사소설'이라는 용어는 전후 언설 공간에서 어떻게 기능했는가? 이 관점에서 '사소설'을 다야마 가타이의 『이불(蒲団)』에서 출발한 메이지·다이쇼기의 문학사에 관계되는 말이 아니라 어디까지나

전후의 언설로서 자리매김해 두자. 여기서는 사소설 언설[스즈키 도미(鈴木登美 1951-)『이야기된 자기(語られた自己)』岩波書店, 2000] 이 메이지·다이쇼기의 객관적인 문학사적 '실태'와 얼마나 어긋나 있었는가하는 문제가 아니라, 언설 수준에서 현실성, '사소설'을 이야기하는 것이 바로 '일본 근대의 왜곡'을 이야기하는 것이기도 했던 전후 당시의 언설 편성에 관심을 두기로 한다. 국어교과서라는 문맥에서 문학사·문학이론은 보편을 이야기하고 특수한 일본을 이야기하고 그런 언설의 배치를 만들어내는 역할을 담당했다. '사소설'＝일본 특유의 소설형식이라는 '왜곡'의 대극에는 왜곡되지 않은 보편적 작품이 상정되는 것인데, '보편성'과 '특수성'의 짝이 '서구문학' '일본문학'이라는 다른 짝으로 치환되면서 어떻게 기능했는지, 또 국어 시간에 어떠한 주체 형성의 담론이 제시되었는지 살펴보기로 하자. 구체적으로는 '사소설'로 흘러간 작가들과 일본에서 유일하게 보편성에 도달했다고 인정되는 근대작가·나쓰메 소세키라는 대비의 도식이다.

1) 소세키의 기묘한 자리매김

나쓰메 소세키는 전전부터 교과서의 기본 작가였다. 하지만 전술한 바와 같이 전후 초기에는 그 경묘한 화술에 포인트가 맞추어져 언어기술(言語技術) 교재로서 사용되었다. 그러나 '소세키'의 이름이 틀림없이 문학사적인 권위라고는 하지만 소세키 작품 전체 가운데, 소위 탁월한 서사기법을 발휘한 작품으로 교재가 된 『우미인초』도 또 『태풍』도 반드시 문학사에서 권위 있는 위치를 점하는 작품이라고는 할 수 없다. 오히려 이들 작품은 근대문학의 이념과 모순을 초래할 우려조차 있는 작품이었다.

근대 사실주의 소설은 대상을 차폐막 없이 재현하는 투명한 문체를 지향해 왔다고 할 수 있다. 그렇다면 화려한 수사를 자랑하는 『우미인초』와 같이 언어의 장식의 레벨이 전경화된 작품은 그 이념에 역행한다. 그 점에서 근대소설 운동에 있어 이 작품은 '반동'이다. 또 작중인물에게 작가 자신의 정의의 관념을 대변시키고 있는 『태풍』으로 말할 것 같으면 비추어내어야 하는 대상, 재현해야 하는 현실보다 작가의 머릿속의 도덕적 판단이 우선되고 있다. 이 경우도 역시 근대 사실주의 이념에 반하는 서투른 처리라고 말할 수밖에 있다. 사실 『우미인초』도 『태풍』도 후대의 독자에게는 소세키를 소세키답게 하는 대표작의 목록에서는 제외되는, '소세키' 전사(前史)를 형성하는 초기 작품군으로 자리매김된다.

전후 초기 교과서 속에서의 '소세키'는 탁월한 언어의 사용자였다. 즉 이 시점의 '소세키'는 후대에 일컬어지게 되는 심리소설가도 인격자도 동서 문명의 평론가도 아니다. 또한 『언어』 분책 속에서만 본다면 '소세키'는 답습해야 하는 문장의 예일지도 모르나 다른 존재와 교체 불가능한 개성을 갖춘 근대적 인간 정신의 현연— 당시 '근대문학'은 이렇게 설명되었다 — 일 수는 없었다. 언어기술 교재로서 소세키의 문장을 자리매김하는 해설은 민주화를 향한 직접적인 정열이 느껴져 거의 감동적이다. 그러나 그 후의 고교생용 국어교과서 속에서 소세키가 '사상가'로서 중요시되게 된다는 것을 생각하면 언어 교재라는 자리매김은 기묘한 느낌을 준다. 결국 이 시기의 교과서는 소세키를 어떻게 자리매김할지 고민한 듯하다. 무시할 수 없는 문호이기는 하지만 그러나 어떻게 자리매김하면 좋을지 모르겠다. 이 작가는 서구 근대소설을 이념적 모델로하는 이 시기의 문학사 플롯에는 반드시 적합한 작가는 아니었던 것이다.

서구의 자연주의 문학이 근대문학의 모델로서 보편화된 이상그 바른 이입에 실패하여 '사소설'로 향했다고는 하지만 일본의 문학사 또한 자연주의 운동을 중심축으로 삼는 것은 당연하다. 하지만 소세키 혹은 모리 오가이라는 별개의 차원의 '문호'는 서구의최신 유행 사조를 무비판적으로 모델로 삼은 일본 자연주의에 추종하지 않았다. 적어도 자연주의 문학의 전성기에는 그것을 야유하는 눈으로 보고 있었다. 반자연주의의 위치에 있던 문호들의 존재는 획득해야 하는 근대성이라는 문학사의 담론을 파탄시킬 우려가 있는 존재였던 것이다.

2) 보편과 특수

그런 가운데, 라는 한정적인 이야기지만 겨우 전후개혁＝재근대화라는 사상과제에 소세키를 접합시키는 데 성공한 교과서에 슈에이(秀英)출판의 『우리들의 국어 3』(49년)이 있다. 이 교과서는 오카자키 요시에(岡崎義恵 1892-1982)의 '소세키 작품에 나타난 여성(漱石の作品に現れた女性)' 및 이쿠시마 료이치(生島遼一 1904-1991)의 '소설과 "인간"(小説と『人間』)'을 나란히 배치함으로써 '소세키'를 근대소설의 정통으로 부상시켰다. 교과서는 편집의 산물로 원래는 관계

없는 두 글을 한 단원에 수록함으로써 어떤 메시지가 여백에 담긴다. 교과서의 레토릭은 실로 편집 레벨에서 발휘되는 것이다.

우선 오카자키 요시에의 '소세키 작품에 나타난 여성'이다. 이것에 의하면 초기 소설에서 유형적인 인물을 그리고 후의 장편에서 사실주의로 특이한 개성을 그린 소세키는 만년에 특수성과 보편성의 결합을 지향했다고 한다. 초기의 유형적이라는 것은 『도련님(坊っちゃん)』이란 별명으로 불리는 등장인물이나 『이 몸은 고양이로소이다』에 나오는 기묘한 이름을 갖는 인물들을 말한다. 그리고 장편의 특이한 개성이라는 것은 『그 후(それから)』의 주인공·나가이 다이스케(長井代助) 등 시대사조를 체현한 인물을 가리키는 것으로 생각된다. 하지만 이 글에서 주목하고 싶은 것은 구체적인 작품이 아니라 문학을 이야기하는 용어로서 '유(類)' '개(個)'라는 논리학 용어를 도입한 점이다.

등장인물이 '유형적'이라는 것은 형지로 오려낸 듯한 인간적인 두께가 느껴지지 않는다는 비판이라고 치고, 한편 '개성적'이라는 것은 일반적으로는 칭찬하는 말이다. 그러나 이 경우는 개성이 고립되어 있어 오히려 보편적이지 않다는 부정적인 의미가 담겨 있다. 따라서 유형에서 개성으로 발전하는 것만으로는 불충분하며 다음 단계가 필요하다. 오카자키에 따르면 만년의 수기 속에 "보편성만이나 특수성만으로는 완전하지 않으며 특수한 경우를 그리며 보편적인 것을 나타내야 한다"라는 용어법이 보인다고 한다. 오카자키는 앞의 '개(個)'와 '유(類)'라는 용어를 '특수'와 '보편'으로 바꾸어 소세키가 최종적으로 지향한 길은 이 모순된 양자를 통일

하는 것이었다고 보는 것이다.

특수를 통하여 보편에 도달한다. 이 논리로부터 전후 초기의 교과서에 끊임없이 연주되고 있는 베이스음을 들을 수도 있을 것이다. 앞에서 보았듯이 당시의 국어교과서는, 개인이 세계성에 도달하는 혹은 국민문학의 특수성을 통하여 세계문학에 나란히 선다, 라는 변증법이 여러 레벨에서 반복되며 보편적 인간성에 준거한 주체 모델을 제시했는데 오카자키가 소세키 작품의 전개에 부여한 논리 또한 그 동형 반복으로 보이는 것이다.

이 글의 출전은 전후에 간행된『소세키와 미소(漱石と微笑)』(生活社, 1947)이다. 하지만 이 책에는 '소세키의 특수와 보편'이라는 1장이 있어, 여기서 특수성과 보편성을 둘러싼 소세키적인 용어 배치가 보다 상세하게 설명되어 있다. 특수와 보편은 소세키의 창작 이론인데 오카자키는 거기에 '자기본위(自己本位)'와 '측천거사(則天去私)'라는 논리적인 용어의 대립을 중첩시킨다. '자기'는 특수이며 '천'은 보편이며 이 용어 배치에 의해 창작 이론＝윤리 언어인 듯한 언설구성이 이루어진다.

이 예술·윤리 복합체에 담긴 오카자키의 주장을 들어 보자. 소세키가 남긴「단편(斷片)」에는 "소위 깊이가 있는 창작은 이렇게 보편화된 진실을 대표할 수 있는 특수한 경우이다. 모델 예이다 (所謂depthノアル創作ハカクgeneralizeサレタtruthヲ代表スベキ particular Caseナリ。model exampleナリ。)"라는 창작 이론이 여러 곳에서 발견된다. 소세키는 특수한 사실을 그리는 데 만족하지 않았다. 특수가 특수에 머물지 않고 보편성에 귀착될 때 그로부터

단순한 리얼리티를 넘어선 하나의 사상·철리를 길어 올릴 수 있는 것이다, 라고 오카자키는 말한다. 그 점에서 소세키의 방법은 '사실'의 특수성에만 투철했던 자연주의 작가 소설 작법과는 대조적으로 단순한 사실성 이상의 깊이·사상성, 즉 보편성의 레벨을 지향했다고 보는 것이다.

여기서 다른 한쪽 교재를 살펴보자. 오카자키 요시에의 교재 뒤에는 이쿠시마 료이치의 '소설과 "인간"'이 자리 잡고 있다. 이 글역시 자연주의와 소세키라는 대비 도식을 사용하고 있으며 이 대비가 일본 근대소설과 서구 근대소설의 결정적인 차이와 중첩된다. 주의할 점은 이 글이 의거하는 용어 역시 오카자키 요시에와 동일하게 보편과 특수라는 점이다.

서구의 문학은 그리스비극과 서사시 등 '보편적인 인간'을 그린 위대한 고전을 갖고 있어 근대소설 역시 자연스럽게 '인간 일반'이라는 사고의 혈맥이 있다. 하지만 그 전통을 공유하지 않은 일본의 문학의 경우에는 보편화·일반화로 향하기보다는 이 나라의 특정 장소, 특정 시대에서만 통하는 특수성으로 기울어 가는 힘이 지배적이었다. 그러나 일반과 특수라는 밸런스가 깨져 특수 사례로 기울어 버리는 것은 예술이 본질적으로 일반화를 요구하는 이상 치명적이다. 일본의 자연주의 문학 시대에는 특수한 상(相)을 그리는 것이 선창되어 '유형화'는 배척되었다. 그것은, 일종의 사실주의 정신이었다고는 하지만 결국 특수와 일반이라는 밸런스가 깨져 버린 것이 아닐까? 친밀한 친구에게 보내는 편지 형식으로 이쿠지마 료이치는 이와 같이 묻고 있다.

특수한 것으로 향하는 일본적 경향을 대표하는 예로 도쿠다 슈세이(德田秋声 1872-1943)의 『축도(縮図)』를 들고 있다. 이 작품에는 인물과 환경의 사실, 일상의 소소한 부분이 정밀하게 그려지는데 그 방법으로는 생활의 미니멈밖에 포착할 수 없다. '인간의 생명'은 뿔뿔이 흩어진 조각이 되어 버린다. 게다가 슈세이는 작중인물 사이에 원근법 처리가 결여되어 있어 미세한 부분이 돌출하기 때문에 인간 전체는 도리어 보이지 않게 된다. 이렇게 인간생활을 일관성 없이 쪼개고 분해하는 것에 진실이 있다고 생각하는 것은 치우친 것이 아닐까, 하고 이쿠시마는 의문형으로 이야기한다. 성격 전체가 포착되지 않는다면 그 인간의 일상 동작이 아무리 세밀하게 그려진들 소설로서의 역할을 다하지 못하는 것이 아닐까?

주의할 것은 편지로 문는다는 문체이다. 이쿠시마는 자연주의의 사말주의(些末主義)는 전혀 무의미하다고 단정 짓는 것은 아니다. 일상의 미세한 부분을 선택하지 않고 쓴다는 일본 자연주의 방법론에는 작가가 인간에 대해 알고 있는 한도를 지켜 그 이상 들어가지 않는다는 의식적인 자세가 존재한다. 일반적인 인간이나 인간성의 진실 등은 존재하지 않으며 존재하는 것은 개개의 인간이며 그 미세한 사실만으로 '인간' 등을 그린다면 통속소설의 꾸며낸 것에 떨어지게 된다. 이런 생각은 옳고 그름은 차치하고 하나의 사실주의 소설관으로서 훌륭히 성립한다. 이쿠시마의 글은 자연주의의 주장 또한 다른 한쪽의 소설관으로서 이해하려고 하는 것이다. 이해하면서, "통속소설로 떨어지지 말아야지 하는 우려가 일본 현대소설에는 일반적으로 너무 강하다"고 우려하고 있는 것이며 그 뒤앙스가 편지를 통한 질문이라는 형식 속에 표현되어 있다. 이쿠시마는 양론를 병기하며 중립·공정을 유지하려고 하는 셈이다.

그런 다음, 그러나 일본의 근대소설은 역시 무이상이라 해야 하지 않을까, 라고 이어간다. 자연주의 소설가들은 나쓰메 소세키의 소설을 "고등학교 학생들의 옛날이야기"라며 경멸했다. 그들의 방식으로 생각한다면 "발자크(Honoré de Balzac 1799-1850)도 스탕달(Stendhal 1783-1842)도 도스토옙스키(Fyodor Mikhailovich Dostoevskii 1821-1881)도 '꾸며낸 것'이 너무 많아 유치한" 것이겠지. 이런 야유를 통하여 나쓰메 소세키는 발자크, 스탕달, 도스토옙스키 등 '세계문학'의 보편성의 대열에 들어가고 그것을 옛날이야기라고 경멸한 일본 자연주의=사소설 작가들은 세계적으로는 통용되기 어려운 특수한 가치관의 소유자가 된다. 이쿠시마의 결론은 다음과 같다. 사상적 내용이 있는 것도 공적인 성격을 유하는 것도 아닌 작가 개인의 일상 신변 기사를 문학잡지에 게재하는 것은 "세계에 유례가 없는" 일이며 이런 것을 소설이라고 부르는 습관을 버려야 하는 것이 아닌가, 그것은 수필·에세이의 종류이며 일본 문학에서 뛰어난 것은 수필뿐이다, 라는 것이 된다면 그것 또한 괜찮다.

3) 교재 배열이 발신하는 메시지

이쿠시마가 근대소설이라 부를 수 없다고 한 작품을 역으로 평가하는 것도 가능하다. 슈세이 등의 세부소설이 '인간'의 '생명'이나 인격의 전체성이라는 대문자의 이념을 거부하는 것이라고 한다면 바로 그 점에서 보다 '현대적'이라 말할 수도 있다. 실제로 1960년대의 국어교과서에는 '성격'이라는 개념이 더 이상 믿어지지 않는 데에서부터 현대소설이 출발한다는 평론이 교재로 게재되게 되므로 이것은 특별히 비뚤어진 견해가 아니다(제3장 참조). 이 글의 경우도 질문을 거듭하는 자신 없는 듯한 문체로 필자 자신의 의견이 상대화되어 있어 이것을 읽다 보면 대문자 인간을 단념한 도쿠다 슈세이적 미니멀리즘도 뭔가 커다란 의미를 추구하고 마는 근대소설 등보다 한 발 앞서 보이기까지 한다. 보편성을 지향하는 소설관과 그것을 일부러 회피하는 소설관이 있음을 인정하는 이쿠시마의 글은 그 때문에 필자 자신이 보편 쪽에 가담하고 있음에도 불구하고 그 의도에 반하는 읽기를 유발하게 쓰여 있다. 아무튼 상대적인 입장을 확보하는 글이다.

그러나 이쿠시마의 글 뒤에 붙어 있는 '연구의 길안내'에는 앞과에 나온 오카자키 요시에의 소세키론을 참조하라는 지시가 있다. 이쿠시마의 글은 서구문학과의 비교를 통해 일본 자연주의를 비판하는 것으로 나쓰메 소세키의 이름은 아주 살짝 나올 뿐이다. 하지만 "개성을 통해 보편적인 것을 접하는" 것을 지향했다고 하는, 오카자키가 그려낸 소세키와, "특수와 일반의 밸런스를 깨고" 특수한 사실만으로 기울어 갔다고 하는, 이쿠시마의 자연주의론과의 연계에 의해, 특수 일본적인 문단작가들의 작품과는 일선을 그은 나쓰메 소세키의 고고한 모습은 세계성, 보편성과 통하는 위대한 근대작가로 우뚝 서게 될 것이다. 그 대극에는 협소하고 특수한, 일본 이외에서는 도저히 통용되지 못할 것 같은 문단의 주민들이 있다.

실로 국어교과서는 편집의 산물이다. 한 교재의 내용과 함께 교재 상호의 배열순서가 무언의 메시지를 발신한다. 두 평론문의 행간에 쓰여 있는 것은 하나의 메이지문학사이다.

그런데 기묘한 것은 오카자키 요시에의 글도 이쿠시마 료이치의 글도 너무나도 잘 국어시간의 한 단원을 구성한다는 점이다. 둘이 서로 약속한 것도 아닌데 훌륭하게 일치한다는 사태를 어떻게 보아야 할까?

두 필자는 실제로는 다른 시간과 장소에서 각각의 의도에 따라 글을 썼다. 하지만 그들은, '보편'과 '특수'라는 이항대립 도식을 비롯하여 문학을 이야기하기 위한 용어를 같은 언어사용영역에서 끄집어내어 그 용어로 문학을 구분한다. 오카자키나 이쿠시마라는 개인의 이름이 무엇이든 상관없어지는 그런 말(言葉)의 재고가 존재한 듯하다. 그것에 의거하지 않고는 '문학'을 이야기할 수 없는 문예용어의 재고. 이 어휘군은 명확한 형태를 가지며 존재한 것은 아닐지도 모른다. 그러나 국어교과서 자체가 역시 그 용어 저장고에 의거하여 편집되어 있고 동시에 그 어휘군을 널리 보급하는 미디어이기도 했다.

흥미로운 것은 50년대 후반이 되면 교과서에서 이 시기의 용어군이 일제히 퇴장하고 다른 용어에 의해 문학이 다시 이야기되고 재해석된다는 사실이다. 문학을 이해하는 틀은 역사적이다. 일련의 용어를 통하여 문제를 문제로 짚어내고 적절한 가치평가를 내린다. 스스로 생각한다는 국어과적 테제와 상관없이 담론의 규칙에 따라 종종 모두가 같은 이야기를 하고 있는 것인지도 모른다.

다만 그 규칙이란 규칙이 교체되었을 때 외에는 알아차리지 못하며, 알아차리지 못한다는 그 한계 때문에 개개인은 '스스로 생각한다'고 생각한다. 반시대적이 된다는 것은 역시 용이한 일이 아닌 것 같다. 덧붙여 문학의 용어란 문학 자체 안에 형성되어 있는 것이 아니라 다른 언설 영역과의 관련을 유지하면서 유통한다. 따라서 다른 담론 방식으로 문학을 이야기하려한다면 문학만이 아닌 언설 총체로부터 몸을 뗄 필요가 있다. 그렇다면 전후 초기에 효력을 가진 언설의 규칙은 언제 어떻게 정비된 것일까?

4) 소세키에 의한 '소세키와 슈세이'

보통 / 특수, 세계 / 국가, 서구문학 / 일본문학, 나쓰메 소세키 / 도쿠다 슈세이, 진정한 근대문학 / 특수한 일본적 문단. 이들 이항 대립 도식은 각각 다른 것으로 교체가 가능하지만 이항 도식인 이상, 대립축 자체와 상관없는 다양한 것을 자연히 배제하게 된다. 예를 들면 소세키 / 슈세이라는 사실주의 사상의 대립축의 가시성을 높이면 이즈미 교카(泉鏡花 1873-1939)와 같은 비사실주의 작가는 사고 밖으로 배제된다는 식이다. 또 서구근대문학과 일본근대문학의 대비가 강조되면 마치 일본이 비·서구를 대표하는 듯하다. 일본 사회의 '왜곡'을 말한다면 서구와의 대비에 있어서 왜곡되었다고 말하기보다 그 도식 자체에 의해 늘 사각으로 밀려나는 타자의 입장에서 볼 때 왜곡되어 있다고 말해야 한다. 서구와 일본, 미국과 일본이라는 도식 하에 전후 일본 사회가 아시아의 타자를 봉인해 온 사실이 현재에 이르기까지 얼마나 이 사회를 왜곡시켜 왔는지 다시금 물을 필요가 있다. 이처럼 담론의 규칙은 암묵적으로 우리의 사고에 규제를 가하고 많은 것을 생각하지 못하게 한다. '평화와 민주주의'가 절대 옹호해야 할 이념이라 해도 그 이념이 어떤 사고의 틀 안에서 배치되어 왔는지가 검증되지 않는 한 그것은 역시 얄팍한 이념이 되어 버린다는 사실을 우리는 60년간 배웠다.

한 시대에 살면서 그 시대의 담론의 '규칙'을 벗어나는 것은 어렵고 우리는 그리 뜻밖의 생각은 하지 않는 듯하다. 하지만 그 '규칙'은 우연히 어쩌다가 성립된 것이라고도 할 수 있어 그 점에서는 무근거한 규칙이라고도 할 수 있다. 앞에서 나열한 이항대립 세트 중, 나쓰메 소세키와 도쿠다 슈세이의 대비를 가지고 일본근대문학을 이야기한다는 틀이 어디서 나왔는지 살펴보자.

소세키 / 슈세이, 보편적인 사상 / 사말적인 사실의 집적. 이 조합을 만든 것은 일단은 소세키 자신이다. 소세키는 만년의 담화에서 도쿠다 슈세이의 소설에 대해 이야기하는데 아마도 오카자키 요시에도 이쿠시마 료이치도 소세키의 그 소설 판정 기준을 거의 공유한다. 인용하겠다.

도쿠다 씨의 작품을 읽으면 어쩐지, 늘 현실미는 과연, 하고 생각하지만 그것뿐으로 고맙다는 생각은 안 든다…… "인생이란 과연 이렇다고 생각합니다. 당신은 인생을 아주 잘 관찰했고 다 묘사해냈군요. 그 점에서 당신의 작품은 극도로 그것을 행하고 있다. 누가 써도 이보다 더욱은 쓸 수 없을 것입니다." 이렇게는 말할 수 있으나 그러나 그것뿐이다. 즉 "지당합니다"에서 머물고 그 앞으로는 발을 뗄 수 없다.

게다가, 인생이 과연 더 이상은 없는 것일까 하는 의문이 일어난다. 읽어 보면 일단은 인생이 이렇지, 하는 생각이 들면서도 아무래도 이것만은 아닌 것 같다는 기분이 든다. 여기에 하나의 불만이 있다. 도쿠다 씨처럼 한 점의 거짓도 없는 듯이 써도 뭔가 부족하다는 생각이 드는 것은 이 때문이다.

— '문단의 요즈음' 『오사카아사히신문』 1915.10.11

도쿠다 슈세이 작품의 리얼리티의 질이 다른 누구도 달성하지 못한 지점까지 도달한 것을 소세키는 인정한다. 그 때문에 많은 사실주의 작가 중에서 이 작가를 거론하는 것이다. 소세키에 따르면 슈세이의 작품에는 "철학이 없다", 하지만 그것을 요구하는 것은 소세키의 소설관 때문이다. 소세키는 "사실 그대로 쓰고 그것이 어떤 아이디어에 자연히 귀착해 간다는, 그런 식의 것이 소위 깊이가 있는 작품"이라고 생각하며 이 잣대를 적용할 때 슈세이 작품에는 "깊이"가 없다. 아마도 오카자키 요시에가 사용한 "깊이"는 이 부근이 출처라고 추정된다.

소세키는 "나는 철학이 없으면 소설이 아니라고 말하는 것이 아니다. 또 도쿠다 씨 자신은 그런 철학을 싫어하는지도 모른다"라고 양론 병기한다. 도쿠다 슈세이가 소세키와는 다른 정의를 소설에 부여하고 있다면 두 사람은 규칙이 다른 게임을 하고 있는 것과 같고 따라서 승부를 겨룰 수는 없다. 그럼에도 불구하고 교과서가 편집 레벨에서 이쿠시마의 글과 오카자키의 글 사이에 웅변하는 여백을 만들어낼 때 소세키적인 소설 정의 쪽이 보편화한다. 소세키의 소설 정의로 슈세이를 잰다면 슈세이는 완전 무능한 사실주의밖에 되지 못한다.

일정한 이해의 틀이 문학을 이야기하기 위한 익명의 환경으로, 서로 약속한 것도 아닌 전후의 평론가들에게 공유되었다. 그것을 가능하게 한 것은 교과서라는 언설공간이지만 그 틀은 작품 평가의 영역에 한정된 것이 아니라는 사실에 주의해야 한다. 나쓰메 소세키 / 도쿠다 슈세이 라는 개별 작가의 비교는 보다 일반적인 비교 즉 진정한 근대문학인 서구문학 / 특수한 일본적 문단문학, 의 구체화라고도 할 수 있으며, 그 점에서 특정 작가의 평가를 넘어선 문학사의 문제가 될 수 있다. 나아가 이런 대비는 특수성 / 보편성, 국가 / 세계, 보편적 인간성이라는 이념을 담은 어휘로 바꾸어 써지게 된다. 그 교체의 과정에서 전후 교과서 속에 알맞게 배치된 소설론은 동시에 주체 형성의 담론이기도 했다. 이런 언설 환경 속에서 문학에 관계된 문제가 일정한 사회적 영향력을 가질 수 있었던 것이다. 문학적 언설과 사회적 언설과는 국어교과서라는 공간에서 각각의 효과를 상호 교체함으로써 서로 증폭시킬 수 있었던 것이다.

제3장

점령의 영향

1. 전후의 '국민문학'론

1) 단원명이 된 문호(文豪)

『새 국어(新國語) 종합 2』(1957년 검정)에는 '자연과 인간' '사회와 언어' '사고의 논리' '현실의 눈' '세계의 고전'이라는 단원명과 함께 '오가이(鷗外)와 소세키(漱石)'라는 단원이 설정되어 있다. 『새 국어』는 그때까지의 언어계·문학계 2개로 나누어진 형식을 버리고, 이 때 '종합'교과서가 되었다. 글자 그대로 문학 텍스트였던 '문학' 분책(分冊)이 '소설의 특질' '평론의 정신' '동서 문학'이라고 하는 단원을 두었던 것에 비해 '종합'에서의 단원 편제는 '자연' '인간' '사회' '언어' 등 추상적인 단어를 내걸었다. 이 이전의 단원은 편집 측의 이념을 뜨겁게 이야기하는 틀이었지만, 이후로는 대개의 문장을 어딘가에 집어넣을 수 있는 커다란 자루로 변해 간다.

그런 가운데 '오가이와 소세키'라고 하는 단원명만이 단적으로 문학의 영역을 가리키고 있었다. 그렇다 하더라도 이 단원명은 어딘가 밸런스를 잃고 있는 것은 아닌가? 다른 단원에 사용되고 있는 '자연' '인간' '사회' 등, 일련의 일반적이고 추상적인 말에 대해 '오가이' '소세키'는 비록 문호라고는 하지만 개인 이름에 불과하다. 그럼에도 불구하고 이것이 다른 추상적, 일반적 말과 동일한 수준의 한 단원을 이루고 있다. 즉 편집 측에서는 이 두 이름을 단순한 개인 이름 이상의 것으로 간주하고 있는 것 같다. '오가이와 소세키'라는 단원명은 몇 가지 점에서 교과서의 언설(言說)에 일어나고 있는 변동의 징후로 읽을 수 있다.

이 단원은 모리 오가이의 『청년(青年)』, 나쓰메 소세키의 『풀베개(草枕)』 각각의 초록, 그리고 문학사가(文學史家)인 이노 겐지(猪野謙二 1913-1997)가 쓴 「오가이와 소세키(鴎外と漱石)」라는 평론을 수록하여 한 세트를 이룬다. 두 개의 소설 본문을 인용하고, 평론이 그 방향을 정한다고 하는 구성이다. 그렇다면 국어교과서가 민주화나 근대화를 이야기하는 문학 교과서이기를 그만두고, 소위 전후의 다음 지평이 열렸을 때 두 명의 문호에게는 도대체 어떤 방향 설정이 이루어졌을까. 이노 겐지의 글은 이 시기의 교과서에 일어난 변동을 단적으로 나타내고 있어 그 점에서 중요한 의미를 갖는다. 그것은 문학이나 교육에만 머무르지 않는, 전후사회의 일반적인 사고 틀의 변화를 반영하는 것이었다고 말할 수 있다. 이 글은 세계 보편의 인간성에 이르는 길을 가리키는 전후 초기의 틀에서는 말할 수 없었던 문제점, 즉 보편적 근대가 아닌 일본의 근대라고 하는 문제점을 제시하고 있는 것이다. 앞 장에서 본 것처럼 전후 가장 초기의 문학사적 언설에는 그 일관된 틀 안에서는 사고가 불가능해지는 외부가 있었다.

예를 들면, 『고등 국어(개정판) 3 상』(52년)에 'Ⅲ 문학연구'라는 단원이 있었다. 나카노 요시오의 '근대소설의 기원과 발달－근대 사실주의에 관하여',[1] 나쓰메 소세키 「유리문 안에서」, 모리 오가이 「한산습득」, 하기와라 사쿠타로 「유전」 등과 함께 '참고'로서

---

1 이것은 앞 장에서 말한 시민사회론＝근대소설론이다.

'낭만주의와 자연주의'라고 하는 필자명이 없는 글이 있다. 고전주의, 낭만주의, 자연주의로 이어지는 서구문예사조의 변천을 해설한 후, 그 영향 하에서 발달한 일본 문단(文壇)에 보이는 그에 대응하는 움직임을 정리한 글이다. 타자를 척도로 하는 이 논리의 필연적 결과로서, 일본 측의 기술은 '뒤틀림'의 수사법을 동반하게 되는데 일본 자연주의를 설명한 부분은 다음과 같다.

> (전략) 구니키다 돗포[2] · 다야마 가타이 · 시마자키 도손 등에 의해 소위 자연주의의 시대가 도래했다. 그 도화선이 된 것은 도손의 「파계」(1906년) 및 가타이의 「이불」(1907년)이다. 대표 작가로서는 이 외에 도쿠다 슈세이 · 마사무네 하쿠초 · 이와노 호메이[3] 등을 들 수 있다(자연주의 문학 전성기에 있어서 이것과 대치했던 작가가 나쓰메 소세키이며 또 모리 오가이였다). 이 자연주의 운동을 통해 종래의 게사쿠작가(劇作者)[4]적인 태도가 일소되고 적나라한 현실 관조(觀照)에 기초한 근대 산문정신의 확립이 이루어졌다. 진정 획기적인 공적이라고 말하지 않으면 안 된다. 그러나 우리나라의 경우는 (이하 생략)

그 다음이 '우리나라' 근대소설의 '뒤틀림' '사소설'의 이야기로 이어지는데 기묘한 것은 괄호 속의 문호 두 사람이다. 이 문학사가

---

2 역자 주: 国木田独歩 1871-1908.
3 역자 주: 岩野泡鳴 1873-1920.
4 역자 주: 게사쿠(劇作)는 일본의 근세 시대에 유행한 교훈과 오락 중심의 대중소설임.

자연주의 리얼리즘을 중심축으로 하는 한, 그것에 동조하지 않았던 오가이·소세키는 불필요한, 지엽적인 것으로 언급할 수밖에 없다. 이러한 문호 두 사람을 문학사의 내부에 존재하는 외부로 하지 않는 한, 기술의 일관성은 유지할 수 없었다는 것이다. 그리고 그 기묘한 외부가 이제는 단원명이 되어 말하자면 대로(大路)에 등장한 것이다. 물론 이것은 두 작가의 취급에 관한 문제가 아니다.

지금까지의 전후 초기 교과서는 자연주의 문학운동을 근대정신 획득의 노력으로 자리매김해 왔다. 일본에서는 '뒤틀렸다'고는 하나 이념 레벨에서는 바른 근대가 확보되어 있다. 그 속에서 '반'자연주의의 입장을 취한 오가이·소세키는 말하자면 바르지 않다. 그러나 역시 두 사람은 문호이다. 일본적 자연주의의 '뒤틀림'에 대해 소세키는 진정한 근대소설을 썼다고 하는 오카자키 요시에와 같은 글쓰기도 가능했지만, 기본적으로 두 사람의 이름은 근대로 향하는 목적론적인 문학사의 담론과는 모순을 일으키는 것이었다. 하지만, 그 이름이 이 시점에서 한 단원을 이루고, 안정된 지위를 획득했다. 그렇다는 것은 이 시점에서 문학사의 플롯 그 자체, 그 담론의 규칙에 대규모의 변동이 일어났다고 간주해도 좋다. 즉 근대라고 하는 가치 개념을 둘러싸고 일종의 전도(轉倒)가 일어난 것이다.

2) '반(反)근대'의 담론으로

이노 겐지(猪野謙二)는 도쿄대 재학 중이었던 1935년에 다치하라 미치조(立原道造 1914-1939), 스기우라 민페이(杉浦明平 1913-2001),

데라다 도루(寺田透 1915-1995) 등과 함께 동인지(同人誌)『미성년(未成年)』의 멤버가 되었다. 당시의 혁명운동, 반전세력은 격심한 탄압을 받아 괴멸하여, 전쟁으로 향하는 시대의 동향을 멈추게 할 수 있는 세력은 조직적인 것으로서는 더 이상 존재할 수 없게 되었다. 이 문학사가도 '불안'이 하나의 키워드가 되어 있던 이 시대를 경험하지 않으면 안 되었던 문학청년의 한 사람이었다. 군대근무를 경험하고 제대한 후에는 전후 초기 민주화혁명의 공기 속에서 소위 진보적인 근대문학연구를 견인하는 역할을 수행했다. 그리고 만년에는 문학사가로서의 라이프워크,『메이지 문학사(明治文学史)』 상하 2권(講談社 1985년)의 대저를 완성시켰다. 단독 저자에 의한 본격적인 메이지 문학사는 이 책 이후 나오지 않은 것 같다. 존경심을 갖지 않을 수 없는 문학사가이다.

교재가 된 '오가이와 소세키'는 이노(猪野)문학사로는 가장 빨리 정리된 『근대 일본의 문학(近代日本の文学)』(福村書店, 1951)에서 그 일부분을 발췌한 것이다. 이 글을 읽으면, 문호 두 사람의 이름이 항상 한 세트가 되는 이유, 그리고 다른 추상명사의 단원명과 동일한 수준으로 존재하는 이유를 잘 이해할 수 있다. 두 사람의 이름은 일반적인 '근대화'가 아닌 '일본근대'의 상징으로서 개인 이름을 뛰어넘은 의미가 부여되어 있었던 것이다.

그들(오가이·소세키)은 그 시절의 문학자 중에서 유럽의 문학이나 사상에 대해 가장 깊고 넓은 교양을 가지고 있었으며, 또 오가이는 독일에 소세키는 영국에 유학했다는

경험도 있습니다만, 그런 만큼 그들은 근대사회—자본주의
사회라고 하는 것의 저속함이나 근대인의 약점에 대해서도
정말로 잘 알고 있지 않았을까요? 따라서 그 눈으로 보았을
때 당시 일본의 나쁜 점, 비루한 점이 단순히 '봉건적' '전통적'
인 것 때문이라고는 결코 생각할 수 없었던 것은 아닐까요?
적어도 이 점에야말로, 그들이, 소위 말하는 '촌놈'인 자연주
의 작가만큼 소박하게 열중하여 '근대적'인 것, '유럽적'인
것을 동경할 수 없었던 이유가 있었다고 생각합니다.

이 교재는 앞 절에서 검토한 문학사 플롯의 자리매김과는 상당히
이질적이다. 무엇보다도 여기서는 '근대사회'가 부정적으로 그려지
고 있다. 일본의 재(再)근대화, 다시 말하면 '봉건유제(封建遺制)'의
일소를 첫 번째 과제로 삼았던 전후 초기의 언설이 여기서는 뒤집
혀져 있으며 오가이·소세키에게 '근대사회'는 달성목표가 아닌 혐
오의 대상이다. 근대사회는 자유로운 주체가 언론의 장에 등장하
는 것에 의해 형성되는 시민사회 등이 아니라, 저속한 '자본주의사
회'로 바꾸어 언급되고 있다. 그리고 뒤틀린 '사소설' 이전의 자연주
의 그 자체에 결함을 발견하고 있다. 즉 이 평론은 일본사회에 잔존
하는 봉건적인 것을 극복하고 진정한 근대를 달성할 때, 국민은
진실로 해방된다고 하는 담론 대신에 일본을 이미 근대 자본주의국
가로 인식하고 그 근대를 비판하는 담론을 택하고 있는 것이다.
그때까지의 교과서를 통합하고 있던 '근대' 중심의 담론에서 '반 근
대'의 담론으로 결정적인 전환이 이 문학사에서 이루어졌다. 그렇

다고는 하지만 왜 반 근대이고, '오가이와 소세키'인 것인가.

그것은 실은 단순하게 대답할 수 없다. 저자 이노 겐지 입장에서도 이 문장이 교재로 채용된 것은 아마도 심각한 아이러니가 아닌가 싶다.

이 문장의 출전인 문학사는 1951년, 즉 아직 일본이 미점령군의 지배하에 있던 시대에 간행되었다. 전년(前年)에 한국전쟁이 발발한 이래 한반도를 무대로 하여 동서의 대국이 개입한 격렬한 냉전이 한창 진행되고 있었다. 일본의 패전에 의해 36년에 걸친 식민지지배로부터 겨우 해방된 한국은 해방과 동시에 미국과 소련에 의한 분할통치하에 놓였고, 이어 민족분단과 전쟁으로 고통을 받았으며, 그 사이에 엄청난 수의 주민이 희생되었다. 한편, 점령하의 일본은 한반도로 출격하는 미군의 거점이 되어 '재군비'의 위기에 휩싸였다. 냉전의 대리전쟁의 양상을 띤 한국전쟁은 핵병기 사용의 가능성마저 언급되기에 이르렀으며, 제3차 세계대전으로 발전할지도 모른다는 우려를 낳았다.

다름 아닌 이 시대에 써진 문학사이다. 미국주도의 대일강화회의를 눈앞에 두고 일본은 과연 이대로 냉전의 한쪽 편에 편입되는 형태의 '독립'을 달성해도 좋은가하는 강한 위기의식이 그 동기에 있었던 것이다. 그러나 이 문장이 교재가 된 것은 일본이 미국의 우산 아래서 나름 안정된 위치를 수용한 1958년의 일이다. 그 사이에 일본은 1952년 4월 28일, 오키나와를 미군정하에 남겨둔 채로 '독립'하고, 또 한국전쟁의 '특수(特需)'를 계기로 급속한 전후부흥을 달성하였으며, 나아가 경제성장 시대에 돌입하고 있었다.

글 그것은 동일하다. 그러나 그것이 51년에 가진 의미와 교재화가 된 시점에서 가진 의미와는 상당히 차이가 있다. 이 차이는 필자에게 있어 통렬한 아이러니였던 것은 아닐까. 필자는 어떤 의도를 가지고 이 글을 썼을까. 그리고 그 의도는 어떻게 배신당한 것일까. 이 이중의 시점에서 문장의 의미를 해독하지 않으면 안 된다.

3) '국민'이라고 하는 주제

이노 겐지『근대 일본의 문학』이 간행된 것은 1951년, 샌프란시스코강화조약과 미일안보조약이 조인되는 수개월 전이다. 당시 강화조약을 둘러싸고 국론을 양분하는 논쟁이 벌어지고 있었다.

1947년 소련·공산주의세력의 신장을 저지하려고 하는 미국의 냉전정책(트루먼 독트린)이 나왔지만 1949년 9월에는 소련이 원자폭탄 보유를 발표하고, 10월에는 중화인민공화국이 성립하여 세계정치의 밸런스는 크게 변화했다. 다음 해 6월에는 한국전쟁이 발발하여 냉전의 무대가 된 동아시아의 긴장은 정점에 달했다. 이미 미국은 일본을 공산주의 저지를 위한 '방벽(防壁)'으로 규정하고 있었지만, 이 정세 속에서 미점령군도 당초 내세웠던 비군사화와 민주화라고 하는 대일점령정책을 스스로 철회하고 반대로 반공군사체제에 일본을 포함시키는 방향으로 급속하게 전환해갔다.

이러한 미국의 의향에 따라 큰 나무의 그늘에 들어가는 것이 현실주의적인 선택이라고 판단한 요시다(吉田)내각(1946-1954)은 미국 측의 구상대로 소련·중국을 제외한 '단독강화'를 선택했다. 그러나 당시의 지식인은 냉전의 한 쪽 진영에의 가담을 의미하는 이

방침에 강하게 반대하였으며, 과거의 모든 대전국(對戰國)과 강화를 체결하는 '전면강화'를 주장하고 있었다.

1951년 9월, 일본은 소위 '단독' 형태의 강화조약과 그것에 부수(附隨)되는 미일안전보장조약을 동시에 조인했다. 이 이중의 조약에 의해 '독립'한 후에도 지속적으로 일본 국내에 미군기지가 주둔하게 되었으며, 또한 아시아에 있어서 최대의 미군기지가 된 오키나와(沖繩)의 실질적인 지배권을 미국이 보유하게 되었다. 일본이 미국과 군사동맹을 체결한 것에 불만을 가진 소련은 강화조약의 체결을 거부하였고, 또 중화인민공화국, 대만의 국민당정권은 함께 강화회의에 초청받지 못했다. 당시의 신문지면에는 어떠한 형태로든 점령이 끝나기를 희망하는 기분과 함께, 앞으로 미국의 세계전략의 의도 하에 '반공의 방파제'로 편입되는 일본의 곤란을 지적하는 의견이 동거하고 있었다.

혁신 측 논단은 미일안보와 한 묶음으로 체결한 강화를 일본의 독립이 아닌 미군기지의 고정화, 미국정부에의 예속으로 간주하였으며, 따라서 이 시기 '국민'이나 '민족'이라고 하는 내셔널리즘의 단어가 급속하게 주제화된 것이다. 문학의 영역에서도 '국민문학론'이 논의되었다.

이노 겐지의 『근대 일본의 문학』은 이때 간행되었다. 후기(後記)에는 이 시기 지식인의 문제의식이 명확히 기술되어 있다. 이 문학사는 "일본의 문학자들이……오늘날의 새로운 평화의 위기 속에서 일본국민의 독립을 위해 어떻게 싸우고 있는가"를 전망하는 가운데 준비되었다. '평화'와 '독립'의 위기라고 하는 절박한 문제의식이 이 근대 문학사의 동기가 되었다. 친미적인 일본정부는 일본의 토지를 미군기지로 제공했지만, 이 경우 미국의 군사방침에 추종하는 일본정부에 대해 혁신 측은 일본의 자립성을 회복하는 것이 '국민'의 당연한 자세라고 주장했다. 이 '국민'관에 주의하자. 이후 시대가 되면, '국민'에게 무조건 국가를 사랑하고 충성을 다하는 주체라는 의미가 부여된다. 다만, 50년대 초기의 '국민'은 국가가 잘못된 방향을 선택한 때 그것을 바르게 하는 의무를 지는 '국민'이었다. 앞에서 인용한 "오늘날의 새로운 평화의 위기 속에서 일본국민의 독립을 위해"라고 하는 필자의 말도 또한 이 시대의 문맥 속에 있다. 미군기지를 위해 생활의 장인 토지를 제공하고, 다시 전쟁의 방향으로 키를 조정하려고 하는 정부에 대항하여 '평화'와 '독립'을 지킨다. 이것이 이 경우의 '국민'이고 '내셔널리즘'이었다.

그러나 왜 이것이 '오가이와 소세키'의 반(反) 근대인 것인가? 이 시기 문학비평의 용어로서 '근대주의'라는 말이 나타나고 있다. 중국연구자 다케우치 요시미(竹內好 1910-1977)는 서구근대문학을 규범으로 일본 소설의 '뒤틀림'을 비판하는 비평방법을 '근대주의'라고 부르고, 나아가 그것을 문학의 비평기준에 머무르지 않는, 일본근대사상의 본질로 보고 비판을 가했다. 그것은 자주 오해를 받았던 것처럼 이론상의 배외주의나 보수주의의 부류는 아니다. 서양의 이론장치가 서양의 역사경험 속에서 만들어진 것인 이상, 그것에 의해 다른 장소에서의 역사경험이나 직면하는 문제를 제대로 해석할 수는 없으며, 나아가 문제의 심각한 부분을 추출해내는 것도 불가능하다. 자신이 직면하는 문제를 이해하고 대책을 세우기 위해서는 동시에 자신의 이론과 말을 만들어낼 필요가 있다는 것이다. 이 비판은 당시 잠재적 · 현재(懸在)적으로 커다란 영향력을 가졌다. 이 움직임이 '근대'를 둘러싼 언설을 이 시기에 크게 선회(旋回)시켰다고 생각한다.

앞 장까지 검토한 전후 초기의 교과서 언설도 명백하게 이러한 의미에서의 '근대주의'임에 틀림없다. 다야마 가타이를 비롯한 일본의 사실주의 작가는 서구의 사실주의 소설을 모방했지만, 그러나 그 때 진정한 리얼리즘 정신은 "왜곡되었다"— 각종 교과서가 그렇게 쓰고 있으며, 교과서에 앞서 먼저 문단 · 논단에 지배적이었던 것이 그러한 언설 형식이었다. 그것이 50년대 강화논쟁 시기에 비판대상이 되었던 것이다. 배경에는 미국의 군사전략에 추종하는 정부의 자세에 대한 비판, 나아가 메이지 이래의 일본의 근대성에 대한 자기비판이 있다. 서구문학의 타자성을 인식하지 않고, 그것을 그대로 자기의 기준으로 삼은 일본사실주의의 무저항이 미국에 추종하는 일본정부의 비(非)자주성에 겹쳐졌다. 그 자세는 또한 구미(歐美)만을 보고, 자기 자신이 그 일원인 아시아에 등을 돌리는 것이 된다. 그것은 메이지시대 이래의 아시아침략에 대한 무반성을 반복하는 것과 다르지 않다.

메이지 말기에 나쓰메 소세키는 "현대 일본의 개화"라는 강연을 했다. 서구의 개화, 즉 근대화는 '내발적'이었지만, 일본의 근대화는 서구에 자극을 받아, 압도되면서 그 뒤를 빠른 걸음으로 쫓아가는 '외발적' 근대화였다고 소세키는 말한다. 소세키는 근대라고 하는 시대를 둘러싼 담론에 서구의 근대 / 일본의 근대라고 하는 지리 축·공간 축 상의 차이를 도입한 것이다. 근대는 기본적으로 역사개념·시간개념인 이상, 그 역사는 서구와 비서구에 의해 체험의 질을 달리한다. 서구는 세상에 출항(出航)하는 주체로서 자신들의 타자를 '발견'하고, 다른 한편의 비서구는 '발견'되는 객체, '문명화'되어야 할 객체가 된다. 그리하여 분할된 근대가 소세키의 시야에도 나타났던 것이다.

근대정신이 자율적인 주체의 정신이었다고 한다면 서구에 자극을 받아 그 뒤를 쫓아간다고 하는 '외발적' 근대란 모순어법(oxymoron)이다. 소세키는 이러한 '일본근대'의 모순을 가장 빠른 시기에 문제로 제시했다. 소세키의 이름이 50년대에 중시되었던 것은 이유가 없는 것이 아니다. 자주성을 회복하기 위해 우선 일단은 자주적이 될 수 없었던 구조를 이해하는 것이 중요하다는 것이다. 오가이는 어떠한가? 이 문호는 초기에 독일 유학 체험에 기초한 소설을 쓰고, 다이쇼기가 되자 '역사소설'을 써 일본으로 회귀했다. 즉 서양도 동양도 알고, 깊은 교양이 있다, 는 것일 것이다.

4) 시대의 문맥 속에서 파악한다

현시점에서는 '국민문학'이나 '민족독립'이라고 하는 내셔널리스틱한 말에 위화감을 느끼지 않을 수 없다. '민족독립'은 일본의 침략에 저항한 중국이나 한국의 문제이며, 혹은 50년대 제3세계 독립운동의 문제일 수 있으나 도저히 침략이라는 가해경험을 가진 일본 측의 말이 될 수는 없다고 느끼기 때문이다. 그렇지 않더라도 전후사상에 있어서 내셔널리즘은 우파나 보수 세력의 언설이라고 일반적으로 이해되어 왔다. 그 때문에 저항의 사상으로서 구축된 이 시기의 내셔널리즘은 나중에 우리들을 혼란스럽게 한다. 그러나 이 시대의 문맥에 끼어들어 당시의 사상과 그 구도를 복원하는 것은 현재의 과제로서 대단히 중요하다고 생각한다. 왜냐하면 50년 전후에 시작된 냉전이 이미 종결했음에도 불구하고 아직까지도 일본은 이때 성립한 미일관계를 끝까지 보존하고, 나아가 강화하고 싶은 것처럼 보이기 때문이다. 그리고 과거와 동일하게 아시아에 등을 돌리려 한다. 50년 당시 존재하고 있던 비판적 사상의 가능성을 다시 파악할 필요가 있다는 것은 그 때문이다.

이 시기의 '국민' '민족'에는 명목적인 '독립'을 거부하고 진정한 의미의 '독립'을 지향한다고 하는 사상적인 의미가 포함되어 있었다. 혹은 모든 대전국과의 강화체결을, 그리고 냉전구조에 대해서는 중립을, 이라는 의미가 포함되어 있었다. 이 시기의 '국민' '민족'이라는 내셔널리스틱한 말은 배외적 입장에서 행해진 것이 아니고, 오히려 반대로 편향됨이 없이 국제사회를 향해 일본을 열기 위한 기점이 되는 말이었던 것이다. 물론 그 후의 사회심리는 미일안보체제 하에서의 안정을 수용하는 방향으로 기울고, 또 풍요로움의 의미를 오직 경제적 풍요로움으로 축소시키면서 그러한 의미에서는 풍요롭게 되어 가지만, 냉전 후의 세계구조가 문제가 되면, 안정이나 풍요로움이라는 가치에 대해 다른 통로로 사고할 수 있는 가능성이 아직 사라지지 않았던 이 시기의 사상은 귀중한 자원이 될 것이다.

냉전체제 하의 일본에서는 국제관계는 바로 미일관계였으며,

그 심상지리(imagined geographies)에 의해 일본은 아시아에 등을 돌렸다. 냉전 후에 미국 일극(一極)지배구조가 문제시되고 나서도 그 습성에 집착하여 벗어나지 못하고 있다. 그렇다면 동일하게 미국의 영향 하에 있었던 다른 아시아는 어떠했는가? 장기간 군사독재 하에 있었던 한국은 80년대의 민주화를 거쳐 현재는 한반도에서의 남북화해를 목표로 대화 노력을 계속하고 있다. 전쟁이 아니라면 화해밖에 없다고 하는 것을 정확히 지켜보고 판단한 결과이며, 민족분단과 한국전쟁의 비극을 뼈에 사무치도록 경험해 온 사람들의 말하자면 위기의 경험에서 찾아낸 지혜이다. 일본도 또한 냉전기에 등을 돌려 온 아시아에 대해 불신과 증오를 선동하는 것이 아니라, 선택지는 화해밖에 없다는 것을 이해하는 영리한 지혜로부터 배울 수는 없는 것인가?

5) 아시아의 시점(視點)과 내셔널리즘

본론으로 돌아오자. 소세키·오가이 속에는 서양의 역사＝타자의 역사를 내면화하고 자기의 역사를 잃어버리는 것에 대한 의심과 저항이 유지되고 있었다. 그러나 다른 근대작가 특히 다이쇼기 이후의 '세계주의'적 작가들은 서구의 문예사조사를 규범으로 삼으며 동시에 느긋하게 근대소설의 테마인 '자기'를 이야기하고 있었다. 이렇게 일본에서 서구의 문화적 헤게모니의 내면화＝문화적 식민주의화가 완성되었다고, 50년대의 사상은 일본의 근대를 회고한다. 일본의 문학가가 자기확립이라는 근대사상을 연기할 때 그것이 그대로 자기상실로 전환되어버린다. 이 지적은 근대의 기축인 주체성의 사상에 대한 근원적인 비판이며, '근대적 자아'를 보편적인 테마로 이해해 온 근대문학사에 대한 충격적인 역전이었다.

전후 초기의 언설이 '근대'라고 하는 주제를 둘러싸고 구성되어 있었다는 것은 전술한 바와 같다. 국어교과서도 또한, 남아 있는 봉건적 제도나 관습을 일소하고 자유로운 주체가 등장하는 시대라는 의미에서의 '근대'를 보편적인 목적으로 하여, 문학 교재를 구성하고 근대에 이르는 역사를 보편적인 어휘로 이야기했다. '세계문학'이란 어느 나라의 문학이 아니라 미래를 향한 이념임과 동시에 그것을 구체화하는 실제 작품은 로맹 롤랑이고, 윌리엄 셰익스피어였다. 사실상은 서구문학인 '세계문학'의 틀에 의해 '국민문학'의 가능성을 열어가자고 하는 도식의 한계는 의식되지 않았다.

비서구지역의 사람들이 경험한 '근대'를 참조함으로써 '근대'의 보편성이라는 사상의 틀은 탈구축(脫構築)될 것이다. 그 점에서도 50년대 초기의 정치상황 하에서 아시아의 시점이 근대의 이해에 도입되었다고 하는 것의 중요성을 재확인할 필요가 있다. 그러나 그 중요성을 충분히 인정한다 하더라도 저항의 내셔널리스틱한 말 속에도 권위적 내셔널리즘으로 전환되어 버리는 약점이 서로 뒤섞여 있었다는 것을 부정할 수는 없다.

이노 겐지의 문장은 교재가 된 부분에 관한 한 오가이의 무사(武士)적 도의감이나 소세키의 동양적 담론으로서의 '측천거사(則天去私)'⁵라는 전통적 가치를 칭찬하는 방향으로 나아간다. 재력(財力)을 배경으로 한 권력에 대한 소세키의 소박한 반감은 근대

---

5 역자 주: 하늘의 뜻을 따르고 사심을 버림.

자본주의 비판으로 바꿔 읽을 수 있고, 저항의 말에 접합되기도 하였지만, 그것은 사회비판으로 향하지 않는다. 그렇다면 도대체 어떠한 '근대'를 비판하고 있는 것일까. 근대자본주의시스템에 대한 비판을 시작하고 있는 것처럼 보이지만, 실제로는 근대개인주의를 비판하고 있고, 구별이 필요한 곳에서 논점이 혼탁해지며, 결국에는 보수주의 가치에 일치되어 가는 것이다. 시스템과 시스템 속의 여러 개인의 심성이 무관하진 않겠지만, 개개인에 대해 행동을 바르게 하라고 말하는 것은 문제의 소재를 불명확하게 하는 것이 될 것이다. 그리고 위기의 시대가 지나 사회가 안정과 경제성장을 받아들였을 때, 당초의 위기감과 동기는 상실되고 이기주의와는 언제나 무연했던 일본의 전통으로 돌아가라, 라고 하는 명령과 다르지 않게 된다.

시대의 문맥과는 단절되어 오가이·소세키를 이야기한 부분만을 잘라내 교재가 된 것은 57년(검정을 실시한 해)이다. 그 전년에는 "더 이상 전후(前後)가 아니다"라는 전후종언 논의가 일어나 '전후'를 둘러싼 일반적인 가치 전환이 준비되어 가던 시기였다. 쓴 시기와 교재가 된 시기 사이에 너무나 커다란 가치 전환이 이루어졌다. 의미는 문맥에 구속된다. 그러나 문맥을 구속하는 것은 불가능하다. 필자에게 있어서 그것은 비극이다. 그렇다면 구체적으로 어떠한 시대 변화가 일어난 것일까. 일본은 전후 초기의 비참했던 시대를 벗어나 풍요로워져 가던 시기였다. 그 때 교육 현장은 어떻게 변했는가?

2. 한국전쟁기의 국어교과서

1) '시안(試案)'의 삭제

1950년 6월 25일 한국전쟁이 발발했다. 한반도는 일본의 패전에 의해 식민지지배에서 해방되었지만, 그럼에도 불구하고 일본군의 무장해제를 명목으로 한 북위 38도선을 사이에 둔 미소에 의한 분할점령 하에 놓여 남북으로 분단되었다. 해방으로부터 3년 후 대한민국과 조선민주주의인민공화국이 각각 수립되어 미소냉전이 점점 심화되어 가는 국제정세 속에서 마침내 차가운 전쟁은 한반도를 무대로 하여 뜨거운 전쟁이 되어 간다. 미군의 출격기지와 병참기지가 되어 이 전쟁을 지원했던 일본에서는 GHQ의 지령에 의해 경찰예비대가 창설되었다. 즉 일본을 점령하고 있던 미군이 한국전쟁에 참전한 그 후의 보충을 위해 일본인에 의한 방어조직이 형성되었던 것이다.

한국전쟁 하에 창설된 경찰예비대는 나중에 현재의 자위대가 된다. 샌프란시스코강화조약과 미일안보조약 또한 이 전쟁에 대응하기 위해 미국주도로 설정되었다. 그러자 일본에게 이 전쟁은 전후사회의 형태를 결정적으로 규정한 거푸집이었던 것이다. 그럼에도 불구하고 대체적으로 일본사회는 이 전쟁을 '전쟁'이 아닌 '특수(特需)'로 기억할 뿐이었다. 패전 후에 일단 금지되었던 병기 생산이 이 때 금지해제가 되어 군수 산업을 중심으로 일본의 전후

부흥이 속도를 높였던 것이다. 이웃나라의 비극을 좋은 기회로 삼아 일본은 주권을 회복하고 부흥을 달성하게 된다.

일본 본토의 주권 회복과 동시에 본토에서 분리된 오키나와는 미군정 하에 남겨지고 강화조약과 같은 날 체결된 미일안전보장조약에 의해 본토 내의 미군기지 또한 계속 사용되게 되었다. 이러한 상황에 대항해서 당시의 교직원조합은 "제자를 다시 전쟁에 보낼 수 없다"라는 슬로건 하에 평화운동과 교육이념을 접합했다. 한편 나중에 전례가 없는 장기정권을 잡게 되는 자유민주당이 결성되고, 1955년의 창당대회에서 6개항의 '정강(政綱)'을 발표하는데 그 제1항에 내세운 것이 "국민도의의 확립과 교육개혁"이다. 정관계의 쇄신, 경제, 복지, 외교 등등의 항목 속에서 무엇보다 제일 먼저 내세운 것이 '교육개혁'이었던 것이다. 그것이 목표로 했던 것은 "점령 하에서의 잘못된 교육정책에 편승하여 세력을 키운 좌익 일교조(日教組)지도부의 정치적 편향에 의해 정치적 중립성이 상실되어 가고 있는 교육을 정상적인 모습으로 회복시키는 것"[6]이었다.

이상 연표적인 기술이 되었지만, 이러한 흐름 속에서 50년대 후반의 교육문제는 정치문제로 변환되어 가는 것이다. 보수정당과 일교조라는 대립 도식은 이 시기 이후의 교육문제를 이해하는 기본적인 틀이 되어 갔다. 미·소간의 국제냉전, 일본 국내의 보수·혁신의 55년 체제, 그리고 자민당과 일교조라는 좌우 이데올로기의 중층적 대립구도가 교육 현장에도 깊게 침투했다. 그렇다면 이때 교과서에는 무슨 일이 일어났을까.

---

6 『自由民主党20年の歩み』.

1951년의『중학교 고등학교 학습지도요령 국어과편(시안)』에는 '시안(試案)'이라는 단어가 딸려 있었다. 그리고 1955년의『56년도 개정판 고등학교 학습지도요령 국어과편』에서는 이 단어가 사라졌다. 사라진 단어에는 적지 않은 의미가 있다. '시안'으로 제시된 학습지도요령은 "이 글은 학습의 지도에 관해 말하는 것이 목적이지만, 지금까지의 교사용 글처럼 움직일 수 없는 하나의 길을 정하고, 그것을 나타내려는 목적으로 만들어진 것은 아니다",[7] "학습지도요령은 어디까지나 교사에게 좋은 시사(示唆)를 주려는 것이지 결코 교육을 획일적으로 하려는 것은 아니다"[8]라고 말하고 있듯, 이 단어는 교육 통제를 피하려고 하는 의지를 적극적으로 표시하는 것이었다. 제시된 학습지도요령은 어디까지나 교육연구의 '안내' '보조'라는 위치가 부여되었다.

그러나 '시안'이라는 단어가 사라진 학습지도요령은 무엇을 어떻게 가르칠 것인가에 관해 국가가 일률적인 기준을 제시하고, 현장에 대해 실질적인 구속을 가하려는 쪽으로 전환해 간다. 문부성 측에서는 "의무교육에 있어서는 어느 지역의 어떠한 학교에 가더라도 동일하게 차별이 없는 교육을 받아야"만 하며, 국민 전체의 교육수준을 유지하고 향상시키는 것은 중요할 뿐 아니라 당연한 과제라고 설명하고 있다.[9] 즉 여기에는 통제가 아닌 평등의 실현이라는 의미가 부여되었다.

1951년의 '시안' 시대에 국어과의 교육목표는 "국어는 사회에서

---

7 「文部省学習指導要領(一般編)試案」序論, 1947年3月.
8 「文部省学習指導要領一般編(試案)」序論, 51年 改訂版.
9 「広報資料」 1958年12月, 『戦後日本教育史集成』六.

어떻게 작용하는가"라는 사회생활의 관점에 입각한 것이었지만, 55년에는 "국민의 생활이나 문화를 유지하고 높이기 위해 필요한 국어에 관한 학생의 능력이나 태도를 기르기 위한 교과이다"라로 명시되어 즉 국민생활의 관점으로 전환하고 있다.

2) 후진국의 숙명

『새 국어 종합 2』(57년)를 보자. 'Ⅶ 현실에의 눈'이라는 단원에는 시마자키 도손의 『집』, 나가쓰카 다카시(長塚節 1879-1915)의 『흙 (土)』이라는 두 개의 사실주의 소설을 일부 발췌한 후에 참고로서 가라키 준조(唐木順三 1904-1980) '일본의 사실주의(日本の写実主義)' 를 배치하고 있다.

『집』과 『흙』의 리드에 따르면 거기에 그려진 "근대화 도상(途上) 의 일본사회의 있는 그대로의 모습"은 "거의 그대로 오늘날의 사회 상태와 통하는 것"이라고 적혀 있다. 즉 근대화의 방향 설명인데, 두 작품 뒤에 나오는 가라키 준조의 논평은 이러한 언설과는 다른 지평에서 '근대화'를 파악하고 있다. 가라키의 글은 '사실주의 문학' '낭만주의 문학'의 구분에서부터 시작한다. 전자는 "대상계(對象界) 의 묘사, 대상계를 조직하고 있는 역사적, 사회적 여러 조건의 문학 적 표현"을 문제로 하고, 후자는 "문학을 이해할 수 없는 것에 도전 하는 것으로 보는 방향"이다. "대상계가 이미 측정 가능한 것이라 한다면, 그것을 자연과학·사회과학·심리과학에 맡기면 된다. 문 학이란, 한편으로는, 나의 가슴 깊은 곳 여기에 있는 커다란 비밀에 관심을 갖지 않을 수 없는 것" "인식계(認識界)에 들어갈 수 없는,

그 무제약자, 무한을 향해 동경의 마음을 움직일 수밖에 없는 것, 그런 과학이 미칠 수 없는 곳에야말로 독자적인 영역을 갖는 것이라고 생각하는 방향"이라며 후자인 낭만주의에 애정을 느끼는 듯하다. 다만 가라키 준조는 두 개의 주의의 구별 · 우열에 집착하고 싶은 것은 아니라고 한다. 필자의 당면 과제는 "우리나라의 근대문학이 서구 근대사상의 영향을 받아" 출발했지만 "어떤 현상(現狀)을 나타내고 있는가에 대해" 생각하는 것에 있다.

쓰보우치 쇼요(坪内逍遙 1859-1935), 마사오카 시키(正岡子規 1867-1902) 그리고 자연주의 문학운동으로 전개되는 일본의 사실주의는 "사실의 모사(模寫), 있는 그대로의 묘사"를 주장했다. 그러나 모사 · 묘사라고 하는 경우, 그려야 할 사실은 이미 그곳에 있는 것으로 취급된다. 이러한 '소박실재론(素朴実在論)'에 있어서는 "대상을 대상화하는 자아의 고독한 활동"은 문제시되지 않는다. 따라서 가라키는 에밀 졸라(Émile François Zola 1840-1902)가 「실험소설론(Le Roman Experimental)」(1880년)에 응용했다고 하는 클로드 베르나르(Claude Bernard 1813-1878)의 「실험 의학 연구 서설(An Introduction to the Study of Experimental Medicine)」로부터 '관찰가'와 '실험가'에 대해 쓴 부분을 인용한다. 고교 교과서로서는 터무니없이 전문적이지만 당시의 교과서에 대해 새삼 말하지 않겠다. 가라키에 따르면 '관찰가'는 "단지 순수하게 눈앞에 있는 현상(現象)만을 확인한다" "현상의 사진사이지 않으면 안 되지"만 한 번 현상이 관찰되면 "여기에 실험가가 나타나 현상을 해석"한다. '실험가'는 해석에 기초하여 가설을 세우고, 그 예견(豫見)에 따라 실험을 설정하고 검증

한다. 이것이 "대상을 대상화하는" 자아의 활동인데, 대상화에는 필연적으로 '자아의 고립', 데카르트(René Descartes 1596-1650)가 말하듯 어떠한 경우에도 배우가 되지 않고 항상 관객으로 남으려고 하는 확고한 결의가 수반되는 것이라고 한다. 그러나 '우리나라의 자연주의'는 서구 근대사상인 실증주의의 그러한 배경을 배우지 않고 에밀 졸라의 문학을 '단순히 기성의 물건'으로 받아들였다. 따라서 실험 이전의, 말하자면 제1차의 '사진사적 관찰'에 머물다가, 머지않아 작가가 자신의 경험을 쓴다고 하는 '사소설'에 이르게 된다. 그것이 마침내 '신변소설(身辺小説)' '심경소설(心境小説)'과 동의어가 되어 버렸다. 이 사실의 배후에는 실증주의적인 방법 의식을 이해하지 못했던 특수한, 일본적인 사정이 있다. 이러한 결여는 "후진국을 벗어나지 못하는 사정"이며, "자연과학 성립의 근거를 역사적으로 가질 수 없었던 후진국"이 "그 정통에서 벗어나 뒤틀릴 수밖에 없었던 것은 오히려 역사적으로는 당연하다고 말할 수 있을 것"이라고 가라키는 서술한다.

이상의 내용을 앞에서 본 문학사 교재와 동일한 '뒤틀림' 언설의 하나로 이해할 수도 있다. 다만 일본이 서구의 근대를 수입할 때, 무심코 오해했다고 하는 설명이라면 그 오해를 빨리 정정하여 근대화의 바른 궤도에 올리면 된다는 전망으로 이어질 것이다. 그렇다고 한다면 희망이 보이는 담론이 되지만, 가라키 준조의 글은 다소 분위기가 다르다. 이 글의 '후진국'이라는 말은 궤도 수정을 하면 괜찮다, 라기보다는 더 숙명적인 울림을 띠고 있다. 일본은 숙명적으로 서구는 아니다. 하지만 이 인식은 비관적인 울림을 주는 반면에, 일본 고유의 것, 변하지 않는 전통을 재평가하는 보수주의적인 자세와도 친할 수 있는 것이었다. 전후 초기 일본은 자기 변혁을 지향했지만, 그러나 숙명적으로 일본은 일본인 것이다. 과거 일본이 지배했던 한반도의 전쟁을 호기(好機)로 삼아 경제부흥을 이루고, 마침내 고도성장기로 진입하려 했던 이 시기, 일본의 폐쇄적인 독자성, 그 전통을 둘러싼 담론이 언설의 공간에 회귀하고 있었다. 심각한 어조로 변하지 않는 숙명을 말하는 이 교재는 그 동향에 역행하는 것은 아니었다.

3) 과목 재편과 문학사의 퇴조

1960년에 학습지도요령이 개정되었다.[10] 국어과는 '현대 국어'와 고전계통과목 두 개로 크게 나뉘었다. 그 이전에는 고전작품도 근대·현대 문장도 하나의 교과서에 수록되어 있었지만, 이 시기부터 고전과 현대문은 별개 교과서로 물리적으로 분리되었다.

우선 과목명 '현대 국어'이다. 학습지도요령해설에 의하면 '현대 국어' 교재로 다루어지는 것은 '메이지 이후의 것'이다. 그것은 "메이지시대를 근대 일본의 여명기로 생각하는 상식적인 견해에 따른" 것이었다. '메이지 이후'라는 지도요령의 말은 1978년의 지도요령에서 '근대 이후'로 변경되지만, 이때의 해설서에는 변경 이유를 "'근대'라는 말이 단순히 시대 구분을 의미하는 것이 아니라 독자적인 문화나 사상이 형성되어 현대를 성립시키는 기반이 되었던 시대라는 역사적, 사회적, 문화적 가치 의식을 포함하기 때문"

---

10 1963년 실시.

이라고 설명하고 있다.

'현대 국어'와 고전계통 과목이라는 두 개의 구별이 어떠한 의미와 효과를 창출했는가를 생각하지 않으면 안 된다. 무엇보다 이것에 의해 문학사의 연속성이 교과서 차원에서 이분(二分)되었다. 다만, 이것에 의해 공교육이 전통의 연속성의 이미지를 필요하지 않게 되었다고 말할 수는 없다. 일본의 전통·문화가 아득히 먼 옛날부터 중단 없이 연속되고 있으며 그리고 오늘날의 일본이 있다고 하는 이미지는 국민적 아이덴티티를 지탱하고 있다. 그러면 전술한 대로 보수주의의 담론이 회귀하고 있던 이 시기에 문화적 연속성의 이미지를 잘라 버릴 필요는 없다. 현대 국어 교과서에서 분리되었다고 하더라도 고전계통 과목의 존재에 의해 '전통'의 표상(表象)은 확보되어 있다. 오히려 변천이 격심한 현대와의 사이에 상호침투를 일으킬 일이 없는 공간에 남겨진 고전은 고급문화의 위치를 확보하게 된다. 그렇다면 이때 사라진 것은 전통문화 그 자체가 아니다. 문화를 그 역사성과 사회성에 있어서 이해하는 이해 양식이다.

'현대 국어' 신설 시점에 문학 및 문학 교육의 역할 그 자체가 크게 변화하고 있다는 것에 주의하자. 60년의 학습지도요령의 해설에 따르면 "소위 현대문학사를 특별히 독립시켜 학습시키지 않는다" "작품의 독해가 중심이며, 문학사적인 배려는 독해를 위한 참고" 정도로 수록할 것 등의 지시가 내려졌다. 그때까지는 문학사라고 하는 틀이 각각의 문학 교재를 지탱하고, 근대적 여러 가치에 대한 신념을 유지시키고 있었다는 것은 이미 본 바와 같다.

그러나 60년·70년의 개정을 통해 탈문학사라는 방향성이 반복적으로 확인되고 명확해져 간다. "작가 및 작품 배경 등의 취급은 작품의 독해, 감상의 참고가 될 정도"라는 문구는 이후에도 계속적으로 제시되고 있다.

고교 과정에서 과도하게 상세한 문학사는 필요 없다는 판단은 그 자체로서 타당성이 없는 것은 아니다. 다만, 교과서라는 언설 공간의 변화를 더듬어 가고 있는 우리는 이 시기에 후퇴해 간 '문학사'가 무엇을 의미하고 있었는가를 생각할 필요가 있다. 전후 초기의 '문학사'는 제2장에서 본 것처럼, 과거의 문학 연표(年表)적 사실을 더듬기보다는 근대시민사회에 이르는 역사 혹은 보편적 인간성에의 신뢰를 상징하는 것이었으며, 사회의 민주화와 개인의 주체성 확립을 비롯한 전후적인 이념을 조직한 언설이었다. 전후 초기의 '문학사'는 특권 계급의 전유물이었던 문학이 점차 저변을 넓히고, 마침내 시민사회 구성원의 것이 되어 가는 문학민주화의 역사이며, 또한 인간이 개성을 발견하기에 이르는 정신사(精神史)였다. 그 단계적 발전 경로는 보편적인 '세계문학에의 길'이기도 했다.

60년대 이후의 탈문학사적 동향에 의해 배제된 것은 실제 일본문학의 역사는 아니다. 삭제된 것은 전후의 보편주의적인 이념·이상이다. 교과서에 있어서의 문학사의 후퇴란 사실 문학의 문제는 아니다. 문학사뿐만 아니라 메타 문학적 언설이 점하고 있던 페이지는 조금씩 감소해 가지만, 가장 먼저 사라진 것은 커다란 이념을 웅변적으로 이야기하고 있던 리드와 같은 종류였다. 그것은 실제 일본문학과는 거의 관계없는 것이었는지도 모르겠지만, 어쨌든 교과서는 거기에 이상을 걸고 있었으며, 그것을 길어 올림으로써 당시의 '문학'은 눈부신 숭고함을 몸에 두르고 있었다. 개개의 작품은 실체 이상으로 빛나며, 보편적 인간성을 나누어 가진 작품, 인간정신과 사회가 도달해야 할 목적지로서의 근대라는 가치가 부여되어 있었다. 그러한 제(諸) 가치로 문학의 방향을 이끌었던 '문학사'라는 언설이 사라져 갈 때 '문학'의 의미는 크게 변질될 것이다.

이상을 향해 나아가는 역사 운동의 문맥 속에 위치했던 문학이 그 문맥인 사회와 역사로부터 절단된다. 문학사의 말소는 즉 문학의 탈이상화이며, 탈사회화, 탈정치화였다. 그러나 그것은 오히려 정치성이 투명화되는 움직임이었으며, 다른 형태의 이데올로기 생산이었다고 보아야 할 것이다. 역사라는 문맥에서 사회 변화의 다이너미즘과의 사이에 접점을 유지하고 있던 문학은 이제 개개 작품의 단순한 집적을 의미하는 것이 되었다. 문학이 비역사적인 것으로 재정의 되었을 때, 그 변경(變更)에 대응하여, 작품을 손에 드는 독자 주체도 또한 역사와도 사회와도 접점을 갖지 못하는 고립된 개인으로서 재정의 되는 것이다. 이 시기, 훌륭한 문학을 풍부하게 맛보자, 라는 독서행위가 권장되어 간다. 하나의 작품은 과거의 모든 작품의 역사를 계승하면서 미래의 작품으로 연결되어 가는 결절점(結節点)이 아니고, 혹은 사회를 반영하면서 동시에 사회로 메시지를 되돌려 보내는 다이내믹한 운동이 아니며, 고립된 개인이 우연히 어떤 작품을 손에 들고 "읽어 맛보는" 정지된 명작이 된다. 문학은 이렇게 해서 그 자체에 닫히어 그 외부를 갖지 않은 것이 되어 간다. 문학은 문학 고유의 스타일에 의해 사회 비평을 행할 수 있는 것인데, 이렇게 문학이 문학 자체의 외부를 갖지 않게 되면, 비평의 자세를 사회로 되돌려 보낼 회로가 상실될 것이다. 현대의 문학이 조금 빈혈기미가 있는 듯 느껴지는 것은 시청각문화의 패권의 탓이라고만 말할 수는 없다.

4) 독서의 개인화

비역사화되고 비사회화된 문학작품은 사회와 역사 속에 있는 사람들이 자신의 위치를 참조하면서 읽는 것이 아니라, 개개인이 여가를 의미 있고 문화적으로 보내기 위해 '읽어 맛보는 명작'이 되어 간다. 문학의 탈역사화는 결국 문학적 행위자의 총체를 쁘띠 부르주아지(Petite bourgeoisie) 개인으로 성형하는 작용을 초래했다. 현대의 문학에서는 순애소설이나 판타지가 주류가 되어 있는데 그 현상에는 나름의 역사가 있는 것이다. 개인적인 여가＝오락의 지위에 놓인 문학은 그것에 대응한 독서주체를 만들어 갔으며, 이때 창출된, 보편적 인간이 아닌 개인이 고도성장기 이후의 주체성 모델이 되어 간다.

사적인 것 즉 개개인에게 "읽어 맛보"아야 할 것으로 작품의 의미가 변화해 가는 징후로써 나쓰메 소세키의『마음』의 교재화가 있다. 이 작품은 나중에 고교 국어교과서의 기본 작품이 되지만, 그렇게 오래된 교재는 아니다. 이 작품이 교과서에 등장하는 것은 60년 전후의 일이다.

나쓰메 소세키는 전전부터 교재의 공급원이었다. 이미 본 것처럼 패전 직후의 교과서에서는 일본에서 유일하게 근대소설을 쓸 수 있었던 작가, 즉 근대성을 대표하는 위치를 점하게 되었다. 그러나 그때부터 점차로 『산시로』의 히로타 선생이나 『그 후』의 나가이 다이스케와 같은 지식인형 등장인물에 의한 문명비평을 통해 서구 근대의 압박 하에서 근대화를 달성한 일본의 고뇌를 말하는 사상가로 크게 변용해 간다. 『마음』도 또한 '메이지의 정신'을 위해 죽은 주인공을 클로즈업했다는 점에서 이 단계의 '소세키'상을 체현하고 있는 것이지만, 동시에 60년대의 교재라는 시점에서 교재의 의미를 읽는다면, 이 작품은 일본근대의 고뇌 이상으로 우정과 연애를 다룬 소설이었던 것이다.

우정 및 연애라는 테마는 고교생 세대에게 있어서 불변의 문제임에 틀림없다. 그러나 그것이 교과서의 테마가 되기 위해서는 어떠한 전환이 필요했다. 이 시기 교과서의 권두화(卷頭畵)에는 제복을 입은 고교생들의 사진이 사용되게 되었다. 동서 문명 사이에 몸을 두고 있는 근대 지식인의 고뇌라는 테마보다 우정·연애의 고민 쪽이 실제 교과서 사용자인 고교생에게는 보다 친근하겠지만, 이 전환에 현실의 단순한 반영을 보는 것만으로는 부족하다.

1960년의 고교생에게도 당연하지만 개인적인 고민이 있었을 것이다. 그러나 그들과 그녀들은 우정과 연애에만 마음을 빼앗기고 있었던 것은 아니다. 학습지도요령이 개정된 60년은 말할 필요도 없이 미일안전보장조약의 개정에 반대하여 공전(空前)의 대규모 항의운동이 일어났던 해이다. 이 운동을 주도한 세력의 하나로 주목을 받았던 것이 전학련(全学連)을 비롯한 대학생이며, 이 시대의 학생은 확실히 사회적 책임의식을 가지고 있었다. 당시 '학생'의 의미를 현재의 감각으로 상상할 수는 없다. 60년의 고교 진학률은 57.7%(남 59.6%, 여 55.9%), 대학·전문대학 진학률은 17.2%(남 19.7%, 여 14.2%)이다. 이 숫자도 50년대와 비교하면 상당히 높아진 것이다. 진학할 수 있었던 그들과 그녀들은 시비는 차치하고 확실히 엘리트이다. 심지어 그것은 개인적 영달(榮達)(이 전무했던 것은 아니겠지만) 이상의 사회개혁을 지향하는 엘리트였다. 당시 학생들은 사회 비판 세력으로서 간과할 수 없는 층이다.

그렇다면 이 시기의 개인화, 우정과 연애에 고민하는 고교생이라는 이미지는 현실을 반영함과 동시에 그것만이 아니라 무난한 '고교생다움'을 향한 이미지 레벨에서의 유도라는 의미를 가지고 있었다고 생각할 수 있다. 사회와 역사에 책임을 가진 주체가 그러한 문맥을 갖지 못한 '개인'이 되어 가는 과정은 물이 낮은 곳으로 흘러가는 것 같은 자연스러운 흐름은 아니다.

탈문학사(脱文学史)의 움직임 그리고 독서 행위의 개인화라는 이 시기의 국어교과서에 일어난 커다란 변동을 보았다. 그렇지만 60년의 학습지도요령에는 또 하나의 커다란 포인트가 있다. "실용적인 문장, 논리적인 문장을 읽을 때도 충분히 숙달되도록 명심할 필요가 있다"고 하는 문장에 주목하지 않으면 안 된다. 60년 시점에서는 이 문장 다음에 "실용적인 것, 논리적인 것이 강조되더라도 그 때문에 문학작품의 지도가 소홀해지는 일이 있어서는 안 된다"고 하는 배려가 추가되어 있었다. 그러나 1970년(73년 실시)의 개정에 있어서 "문학작품의 학습을 중시한 나머지 때로 논리적인 문장의 학습이 소홀해지는 경향이 보인다"고 하는 문장으로 바뀌었을 때 그 배려도 마침내 소멸했다. 무엇을 근거로 문학과 논리가 양립할 수 없다고 판단하는지 강한 의문을 느끼지만, 어쨌든 "논리적인 문장의 독해력"이 다시 한 번 강조된 배경에는 60년대의 산업구조 재편이 있었다. 농업국에서 공업국으로 전환하는 데 있어서 양질의 기술자 양성이 시대의 과제로 부상했던 것이다. 이것에 관해서는 제4장에서 생각하기로 하자. '현대 국어' 신설의 의미가 미치는 범위가 상당히 넓었다고 하는 것만 지적해 두고자 한다. 다음으로 구체적인 교재를 검토하자.

3. 근대에서 현대로

1) 근대의 종언과 현대의 불안

새로운 과목 '현대 국어'의 발상을 생각하기 위해『현대 국어 3』(三省堂, 64년)의 교재 편제를 검토해 보자. 이 교과서는 '현대'라는 시대를 그려냄으로써 '근대'의 지평을 닫는 관점을 내세우고 있다. 우선 목차를 제시하겠는데 단원명 등에 주의하며 보아 주었으면 한다. '감성' '현대' '오늘날'이라는 단어가 사용되고 있다. 인간성이나 민주주의 등 '문학'을 기조로 한 전후 초기의 단원 설정과는 역시 자세가 다르다.

　　『현대 국어 3』
　　1 근대소설
　　'무희(舞姫)' 모리 오가이(森鴎外)
　　'히로타 선생(広田先生) ― "산시로(三四郎)" ―' 나쓰메 소세키(夏目漱石)
　　'기노사키에서(城の崎にて)' 시가 나오야(志賀直哉)
　　2 사회생활과 말
　　'이야기의 설계도(話の設計図)' 사이토 미쓰코(斎藤美津子)
　　'말과 사실(ことばと事実)' S. I. 하야카와(Samuel Ichiye Hayakawa), 오쿠보 다다토시(大久保忠利) 역

‘방송과 여론(放送と世論)’ 시마다 가즈오(島田一男)

3 현대의 과제

‘세 개의 이야기(三つの物語)’ 아서 컴튼(Arthur Holly Compton), 기시모토 야스시(岸本康) 역

‘과학과 인간(科学と人間)’ 유카와 히데키(湯川秀樹)

‘주체성의 확보(主体性の確保)’ 시로쓰카 노보루(城塚登)

4 감성의 세계

‘푸른 나뭇가지 끝을 우러러(青樹のこずえを仰ぎて)’ 하기와라 사쿠타로(萩原朔太郎)

‘나의 사람에게 보내는 애가(わが人に与うる哀歌)’ 이토 시즈오(伊東静雄)

‘비(雨)’ 니시와키 준자부로(西脇順三郎)

‘보고 있는 눈(見ている目)’ 구로다 사부로(黒田三郎)

‘서정의 계보(抒情の系譜)’ 이토 신키치(伊藤信吉)

‘창문들(Les Fenêtres)’ 보들레르(Charles Pierre Baudelaire), 무라카미 기쿠이치로(村上菊一郎) 역

‘운동(Mouvement)’ 쉬페르비엘(Jules Supervielle), 나카무라 신이치로(中村真一郎) 역

5 논리의 전개

‘우리의 주장(ぼくたちの主張)’ 학생 작품

‘우리의 주장(わたしたちの主張)’ 학생 작품

‘십대 사람의 문제(十代の人の問題)’ 데즈카 도미오(手塚富雄)

‘논설문을 쓴다(論説文を書く)’

첫 단원 '1 근대소설'에는 오가이·소세키와 함께 '소설의 신' 시가 나오야(志賀直哉)의 소설이 수록되어 있다. 일본에 있어서 '자아'의 각성은 서구 근대와의 접촉에 의해 촉발되었지만, 그것은 일본이라는 풍토 속에서 수행되지 않으면 안 되었기 때문에 근대소설에는 그 '고뇌와 굴절'의 모습이 흔적을 남기고 있다고 방향이 설정되어 있다. 즉 여기에 보이는 문제의식은 보편적인 발전 단계의 목적으로 존재하는 '근대'가 아닌 서양이 숙명적인 그림자를 드리운 '일본근대'라는 것이다. 주의해야 하는 것은 최초의 단원에 배치되어 있는 것은 근대소설이지만, 그 후에 전개되는 주요한 테마는 근대 이후의 '현대'이며, 단원명에 보이는 '현대' '오늘날' '앞으로'라는 말에도 그러한 의식이 나타나 있다. 확실히 '현대 국어' 교과서이지만, 전후 교과서의 흐름 속에서 이것은 획기적인 것이라고 말해도 좋다. '현대'라는 지평을 이야기함으로써 '근대'에 종지부를 찍었다. 전후 초기의 교과서가 '근대소설'을 빌려 '근대 시민사회' '근대 개인'을 이야기했던 것을 생각한다면, 이것은 동시에 전후적 이념에 종지부를 찍은 것이기도 했다.

먼저 '6 오늘날의 문학' 마지막에 실린 오쿠노 다케오(奧野健男 1926-1997)의 평론 '현대문학의 제상(諸相)'을 검토하기로 하자. 제목대로 이 교재는 '현대'라는 단계에 몸을 두고 '현대 국어'의 기조를 제시함과 동시에 전후 초기의 교과서에 통일성을 부여하고 있던 '근대'라는 이상을 상대화하고 있다. '현대'라는 시점에서 지나가 버린 '근대'는 어떻게 그려지고 있는 것일까.

오쿠노는 우선 지나가 버린 소설이념으로서 19세기 근대 사실주의를 언급하고 있다.

이 시대는 개인의 자유를 요구하는 정신과 사회의 자유를 요구하는 사상이 일치하고 있다. 사회의 어떤 부분과 거기에 있어서의 전형적인 인간을 그리면 그것이 그대로 세계 전체를 그리는 것이 되었다. 전체와 부분, 외부와 내부가 멋지게 서로 대응한 시대이다.

'현대 문학' 쪽에서 바라본 '근대소설'은 개인과 사회와 세계가 동심원적으로 조화를 이룬 곳에 성립했다. 그 의미에서 옛날의 좋은 시절의 소설 이념이다. 그러나 그것은 비눗방울처럼 이미 사라진 꿈이 되었다. 이러한 발언은 그렇게 말하는 주체를 근대의 이상에서 한발 물러나 거리를 두어 대상화하는 공간에 둘 것이다. 즉 발화(發話)주체를 '현대'의 인간에 두는 것이다. "근대는 결정적으로 지나가 버렸고, 세계는 제2차 대전을 거쳐 현대라는 미지의 상황 속에 들어간다" "더 이상 개인의 이상과 사회의 이상이 일치하며 발전한다는 꿈은 사라졌다. 그리고 근대의 종언, 자아의 붕괴를 부르짖는 불안의 시대가 되었다"는 것이다.

이 교재를 경시할 수 없다. 전후 초기의 교과서가 반복해서 말하고 있던 "개인이 사회를 통해 세계에 참여한다"라는 동심원적 조화의 꿈은 실현되기 전에 허무하게 사라졌고, 주체성을 가진 개인이 기초를 이루는 시민사회의 확립이라는 사회적인 과제도 더 이상 불가능한 이념으로서 파기된다. 이 글은 바로 그러한 이상의 종언을 고하고 있는 것이지만, 주의해야만 하는 것은 이 시각이 결코 필자 개인의 견해가 아니며 교과서 전체 속에서 안정된 문맥을 이루고 있다는 것이다. 오쿠노 다케오의 글에는 "이 교과서를 위해 새로 쓴 글"이라는 주석이 달려있다. 근대의 종언과 현대의 표명은 오쿠노만의 고립된 주장이 아니다. 교과서 전체의 편집 틀이 되어 있다.

과학기술의 경이적인 발달에 의해 기술은 인간을 떠나 독립하기 시작한다. 직업은 고도로 분업화하고 기술화된 다. 사회는 거대한 메커니즘이 되어 개인을 압박하기 시작 한다. 교통·통신·매스컴의 발달에 의해 세계는 동시화· 균일화된다. 핵전쟁에 의한 인류 절멸(絶滅)의 위기에 직면 한다. 정치나 사회는 개인이나 민중의 의지와는 관계없는 곳에서 움직이며, 게다가 인간의 운명을 결정한다. 즉 인간 의 내부정신과 외부현실 사이에 단절이 나타나 세계의 전 체와 부분이 직접 연결되지 않는 인간소외의 상황이 더욱 깊어져 왔다.

묘하게 비관적인 이야기이지만 계속해서 "19세기적인 소박한 사 실주의에의 신앙은 사라졌다"는 판결, 나아가 '현대 문학의 과제'로 테마는 옮겨 간다. 이 단원에 수록된 아베 고보(安部公房 1924-1993)· 라이너 마리아 릴케(Rainer Maria Rilke 1875-1926)·미하일 숄로호프 (Mikhail Aleksandrovich Sholokhov 1905-1984)의 해설과 함께, 그 외 마르셀 푸르스트(Marcel Proust 1871-1922)나 제임스 조이스(James Joyce 1882-1941)의 새로운 심리, 데이비드 허버트 로렌스(David Herbert Richards Lawrence 1885-1930)나 헨리 밀러(Henry Miller 1891-1980)가 테 마로 한 성(性), 장 폴 사르트르(Jean-Paul Charles Aymard Sartre 1905-1980), 알베르 카뮈(albe kamy 1913-1960)의 실존 등, 주로 외국문학 속에서 '현대적'인 테마가 소개된다. 그리고 '우리나라'의 현대 문학도 또한 이러한 과제를 공유하고 있다고 한다.

일본은 이미 '현대'라는 무대에 섰다. 라고 하는 것은 '근대'는 이미 뛰어넘은 과정이다. 외발적이었기 때문에 뒤틀림이 생겼다고는 하더라도 "그럭저럭 일본에 근대문학이 뿌리를 내리고" 그 후 현대라는 단계에 일본문학도 진입했다는 것이다.

> 다이쇼 말부터 쇼와에 걸쳐 세계가 근대로부터 현대의 상황 하에 돌입함과 동시에 그 파도는 일본에도 빠르게 밀어닥쳤다. 세계는 동시적(同時的)이 되어 더 이상 지역적인 특수성의 껍질에 숨어 있으려는 것은 허락되지 않았다.

간결하게 "세계와 동시적이 되어"라고 쓰여 있지만, 세계 동시성이라는 특이한 시간 감각은 바로 현대라는 시대의 지표가 되고 있다. 20세기 전반의 역사에 있어서 전쟁도 경제공황도 일어났을 때는 '세계'전쟁이고 '세계'공황이었다. 배나 기차로 가면 한 달이 걸리는 거리도 비행기를 타면 하루 만에 도착하는 것처럼 거리는 더 이상 공간적 거리가 아닌 시간적 거리로 변환되어 속도에 대해 대금을 지불할 의향만 있다면, 그러한 사람들에게 있어서 세계는 자기들의 것이다. 통신기술, 교통기술의 현대화는 정보 · 자본 · 노동력의 이동을 가속화시켜 실질적으로 세계 동시 진행의 역사를 가능하게 해 버렸다. 60년대의 오쿠노(奧野)는 현재의 이러한 세계화를 인식하고 있었던 것은 아니지만, 기본적으로는 우리들이 지금 글로벌화라고 부르고 있는 변동을 멀리 예기(豫期)하면서 '현대'를 그리고 있다. 그리고 거대한 변동은 거대한 모순을 수반하며 이것에 대응하는 새로운 문학이 탄생할 것이다. 일본문학에서도 다이쇼 말에서 쇼와에 걸쳐 사회 변혁의 사상으로서 프롤레타리아문학이 등장하고 새로운 감각으로 현실을 파악함으로써 현실을 재구성하려고 한 신감각파(新感覺派)가 태어나 문학 사상은 기존의 단조로운 사실주의로부터 급변했다. 그리고 교재의 문장은 이후 "태평양전쟁 시기의 문학적 공백기"를 거쳐 전후파나 제3의 신인, 오에 겐자부로(大江健三郎 1935-), 가이코 다케시(開高健 1930-1989)의 이름까지 추적하고 있다. 즉 이 교과서가 사용된 60년대의 리얼타임의 문학 상황을 반영하고 있는 것이다.

2) 비관주의와 경제성장

'현대'를 담론함에 있어 오쿠노(奧野)에게는 고유의 목적이 있었다. 현대사회에 있어 문학은 과연 어떠한 의미를 가질 수 있을 것인가, 그것을 정의하는 것이다. 문학이란 개인에서 출발하여 사회에 참여하고 세계성에 이르기 위한 것이며, 그 동심원의 축이여야 했다. 그러나 근대, 즉 개인의 이상이 사회의 이상일 수 있었던 시대가 막을 내리고, 다시 말하면 각각의 원의 중심이 어긋나 버렸다고 한다면 그 때 문학은 어떻게 되어 버릴 것인가.

문학이나 예술은 정치 · 경제 · 기술과 달리, 현대사회에
직접적으로는 도움이 되지 않는 쓸모없는 것처럼 보인다.
그렇지만 문학이나 예술은 항상 사람의 편, 생명의 편에

있다. 사회가 비인간적이 되고, 정치가 인간의 생명을, 생활
을, 자유를 압박해 올 때, 문학은 늘 인간의 편에 서서,
생기가 넘치는 삶의 숨결을, 자유를 주장한다.

'연구의 길안내'에는 "'문학이란 무엇인가'에 대해 필자가 주장하
는 것은 무엇인가"라는 설문이 있는데, '문학'은 '사람 편'인 것이라
고 대답해 두면 일단은 정답일 것이다. 이 정의도, "생기가 넘치는
삶의 숨결"도, 평범한 표현인 것 같은 느낌이 들지만 어쩌면 당연
하다. '삶의 숨결' 운운하며 문학을 정의하고 있는 것처럼 보이는
이 부분은 사실은 동시에 문학이 아닌 것을 정의하고 있으며, 그
쪽 없이는 문학의 정의도 성립하지 않는다. 문학을 '사람의 편'에
배치하고, 그렇게 선을 그음으로써 이 글은 정치를 비인간적인 것
으로 정의한다. 문학의 윤곽은 인간의 자유와 생명을 압박하는
'정치'라는 관념에 의해 결정되고 있는 것이다. 60년대에 들어서
자, 사회나 정치의 변혁을 꿈꾸는 것은 너무 낙관적이라는 냉소적
인 태도가 유행하기 시작했다. 몇 가지 이유를 생각할 수 있다.
우선 개혁·혁명보다 경제성장에 의해 사회는 풍요롭게 된다는 심
리가 전후적 이상을 침식하기 시작했다. 이케다(池田)내각(1960-1964)
의 경제성장정책은 예상을 뛰어넘는 속도로 성공했다. 그보다 먼
저 1953년에는 텔레비전 방송이 개시되었으며, 56년에는 주간지
붐이 일어났다. 사회와 문화의 모습이 크게 변용하여, 그 속에서
전후 초기의 '인민' '민중'을 대신하여 대중사회의 '대중'이라는 말
로 사람들을 연상하게 되었다.

다음으로 세대론(世代論)이다. 이 시기 소위 '전중(戰中)'세대가 논단에 등장했다. 오쿠노 다케오는 1926년에 태어나, 20세 전후에 패전을 경험한 세대이다. 이 세대는 다이쇼기의 데모크라시도 쇼와 초기의 마르크시즘도 모르며, 사회 변혁의 사상이 영향력을 가지고 있던 시대를 모른다. 그들이 철이 들었을 때에는 전쟁에 반대하는 세력은 탄압을 받아 조직으로서는 소멸하였으며, 그 때문에 하나 아래 세대는 '성전(聖戰)사상' 속에서 인간형성을 하지 않으면 안 되었다. 이 세대는 일반적으로 패전 전후에 180도의 가치전환을 체험하고 있다. 이 문장의 배경에도 전후지식인이 말한 민주주의나 혁명이라는 꿈에 동조할 수 없는 세대적 사고방식이 존재하고 있었던 것은 아닌가 생각한다. 이 교재를 쓴 것과 거의 같은 시기, 오쿠노 다케오는 「'정치와 문학'이론의 파산(「政治と文学」理論の破産)」[11]을 써, 한 세대 이전 사람들의 이상의 파산을 이야기하고 있다. 그러나 이 시기의 언설 헤게모니 투쟁을 세대 간 대립만으로 환원시킬 수는 없다.

세 번째로 이러한 언설 재편의 배후에 구미의 경제·기술 수준을 목표로 한 시대를 거쳐 간신히 '선진국'으로 급성장을 이루고 있던 일본의 이미지가 있다. 이 점에 대해 오쿠노의 말을 더듬어보자. ─지금까지의 일본은 후진사회이며, 나아가야 할 미래의 방향으로서 늘 서구 선진사회라는 본보기가 있었다. 그 때문에 일본인은 자신이 생각해야 할 아무런 필요도 없이, 단지 선진국이 한 방식을 추적해 가면 되었다. 이러한 사고는 '후진사회의 특징'이라

11 『文芸』 1963년 5월.

고 말할 수 있지만, 그러나 일본은 경제적으로 성공함으로써 오히려 나아가야 할 미래의 이미지를 상실했다 —.

이제는 공산주의도 다양화하고 사회주의국가도 무이상화(無理想化), 무목적화(無目的化)하여 보수적이 되었다. 공업화의 이상이 완성되어 세계는 목표를 상실한 사회가 되었다는 논의조차 있다. 기술의 비정상적 발전, 분업화, 균일화라는 인간소외의 상황이 깊어져 세계 전체에 미래가 보이지 않게 되었다.[12]

역시 여기에서도 오쿠노는 철저하게 비관적이지만, 그러나 이 비관은 경제성장의 가속이라는 상승 감각에 뒷받침되어 있어, 그 점에서는 비관적 말투로 하는 자랑이라고 말할 수 없는 것도 아니다. 일본도 이제 구미 선진국과 함께 비관을 공유할 수 있다는 것이다.

그리고 하나 더. 1960년의 안보투쟁이 이 배경에 있었다. 안보개정 저지를 위한 항의운동은 공전의 규모로 확대되어 학생(고교생 포함)과 시민을 포함한 대규모 데모가 연일 계속되었다. 사람들의 항의는 채결을 강행한 기시 노부스케(岸信介 1896-1987)수상을 퇴진시키고, 그 후의 보수화를 막을 세력을 형성했지만, 한편으로는 수십만 군중이 국회를 둘러싸고 있으면서도 안보조약 자연성립의 시각을 맞이할 수밖에 없었다. 그런 의미에서 안보반대운동의 평가가 똑같지는 않다.

---

12 「「政治と文学」理論の破産」로부터의 인용.

그러나 이때 학생조직의 활약이 두드러졌고, 당시의 학생운동은 시민의 지지도 획득하고 있었다. 문부성(文部省) 측에서는 이것을 위구(危懼)하여 6월 18일, 대학에 질서 확립을 요망했다. 그러나 이 시기에는 교육정책을 입안하는 측에 있어서도 대학관리가 자치를 본래의 취지로 하고 있었다는 점을 부정할 수 없었기 때문에 이 문제에 난폭하게 개입할 수는 없었다. 따라서 난폭하지 않게 개입할 필요가 있었다. 학생운동의 무대는 대학이었지만, 그 전단계인 고교 교과서에 게재하는 글로서, 사회적 이상, 정치적 이상의 파탄을 강조하는 오쿠노와 같은 비관(悲觀)은, 보수정권에서 볼 때 충분히 바람직한 정치적 기능을 수행한 것은 아닌가 생각한다. 반대운동에도 불구하고 신안보조약은 승인되었고 사람들의 반대의견이 미일 양정부의 정치결정을 뒤집을 수 없었다는 것은 사실이다. 그러나 그렇다 하더라도 60년에 일어난 운동의 성과를 백이 아니라면 제로라고 말할 수는 없을 것이다. 전술했지만, 안보투쟁의 평가는 단순하지 않다. 그렇다면 정치적 성과가 제로였다고 하는 판단 자체가 정치적 효과를 갖게 되는 것이다. 즉 문학은 '인간의 편'에 선다고 하는 오쿠노의 문학 정의도 정치는 정치가가 움직이는 것이기 때문에 개인은 개인의 일에 관심을 가지라고 하는 탈정치화를 향한 메시지로 읽을 수도 있다. 그것이 반드시 지나친 억측이라고 말할 수 없는 것은 다른 교재와 관련이 있기 때문이다.

'4 감성의 세계'라는 단원명에 주목하자. 문학은 이제 역사·사회가 아닌 '감성'에 관련된 것이며, 감성이란 개인적인 영역이라고 되어 있는데 이것은 60년대에 들어와 처음으로 교과서에 등장한 개념이며, 그 자체가 이 시기에 발명된 교육적 언설이다. 문학은 개개인이 읽어 맛보아 풍요로운 감성을 기르는 것이 되었다. 즉 문학은 사회와 역사에 영향력을 미치는 것이 아니라 내 감성을 아름답게 가꾸는 것이 되었다.

이 단원에는 우선 현대 시인의 작품, 그리고 이것을 해설하는 이토 신키치(伊藤信吉 1906-2002)의 '서정의 계보'라는 평론이 이어진다. 이토 신키치의 글도 "이 교과서를 위해 새롭게 쓴" 것이며, 오쿠노 다케오와 마찬가지로 근대시와 현대시를 구별하고 그 서정의 모습의 차이를 설명하고 있다. 시마자키 도손 이래 근대시는 서정의 계보를 만들어 왔다. 그것은 어떤 시대였는가.

이것은 시마자키 도손 그 사람의 청춘의 목소리임과 동시에 그 시대 청춘의 노래 소리이기도 했다. 새로운 시대를 열려고 하는 당시 사람들의 생기발랄한 정감이나 의욕이 이들 작품을 통해 그려졌던 것이다. 『와카나슈(若菜集)』가 시대의 새로운 소리라고 평가받았던 것은 이렇게 한 시대의 사람들의 생명의 노래를 누구보다도 생생하게 표현했기 때문이다.

시마자키 도손은 전후 초기 교과서에 있어서는 시대의 새로운 시작을 알리는 특권적 시인이고 작가였다. "새로운 시대의 새로운 인간 감정의 표현이라고 하는, 많은 사람들에게 통하는 보편성이 있었다"고 과거의 교과서에서의 도손의 위치의 근거를 설명하고 있다. 그러나 이 글은 도손＝근대시의 해설이 아니다. 그 후 서정의 질이나 내용에 시대적인 변화가 발생했다는 점, 근대적 서정과 현대적 서정과의 차이가 이 글의 주제이다. 과거의 새로운 시대＝근대＝전후 초기는 끝났다.

사쿠타로의 구어(口語) 자유시에는 우수(憂愁), 애상(哀傷), 고독감 등 설명하기 어려운 근대인의 심리가 표현되어 있다. 그리고 그 사쿠타로는 이토 시즈오(伊東静雄 1906-1953)의 서정을 평하여 "(도손과 같은) 봄 들녘에 싹트는 풀이 가진 화사한 젊음이 아니라 땅 속으로 세차게 밟히고, 비틀리며, 바위틈 사이로 싹을 띄우려고 깊게 상처 입은 뒤틀린 젊음이다"라고 말했다. 그 상처는 "모든 사람이 회의와 불안의 암흑 세상에 생활하고 있는" 시대의 상징이라고 한다.

'어두운 시대의 시인들' 즉 개전전야(開戰前夜) 시대의 시인 중에서도 이토 시즈오에게는 정서의 탐닉이나 달콤한 감상(感傷)이 아닌 '경질(硬質)의 서정'이라고 불러야 할 특색이 있다고 한다. 다시 말하면 서정의 표현에 지적인 요소가 더해졌다. "서정시는 영원히 사라지지 않을 문학"이지만, 그 서정의 표현에는 인식이나 비평정신을 포함하는 것도 가능하며, 현대인의 정서의 표현은 필연적으로 지적인 요소와 얽힌다고 정리하고 있다.

두 개의 새로 쓴 평론에는 '현대'의 설명에 관해서도 공통부분이 많다. 공교육의 말들은, '현대'를 '근대'의 신선함과 광채를 상실한 시대로 파악하며, 불안, 인간소외, 성격을 잃어버린 인간, 서로 연결되지 않는 개인을 모아 놨을 뿐인 도시생활자의 무리, 예측 불가능한 미래 등등의 어두운 톤(tone)으로 그려내고 있다. 종언(終焉)의 이야기는 고교생을 대상으로 한 말로서는 어두운 것 같다. 그러나 이대로 이 교과서가 끝나는 것은 아니다.

3) 대비(對比)에 의한 아이덴티티

근대의 종언, 현대의 불안을 그린 이 교과서는 후반에 '7 전통과 창조'라는 단원을 설정하고 있다. '사진 ― 공동연구―' '일본미술의 전통과 현대' '미래의 도시'라는 세 개의 평론이 교재이다.

'사진'은 하야시야 다쓰사부로(林屋辰三郎 1914-1998), 우메사오 다다오(梅棹忠男 1920-2010), 다다 미치타로(多田道太郎 1924-2007), 가토 히데토시(加藤秀俊 1930-) 4명의 공저에 의한 평론이다. 외국을 여행하는 일본인 하면, 안경을 쓰고 카메라를 어깨에 걸고 있는 모습을 떠올리는데 이 희화(戱畵)를 뒤집어 '우리 일본인'의 전통적 정신을 이야기하겠다는 글이다. 미국인은 일본인이 사진을 좋아하는 것을 냉소하지만, 일본인에게 사진 촬영이란 "미적, 철학적 전통에 입각한 현상"이다. 즉 "우리 일본인은 순간성의 가치를 인정하는 민족"이며, 그것을 냉소하는 '그들'은 "순간이 가진 기록성과 예술성의 의미와 가치를 인정하지 못하는" 것이다.

'그들'이 냉소하는 '우리'를 그대로 복사해서 라벨을 뒤바꾼 것뿐인 이 교재에는 불모(不毛)한 것을 느끼지 않을 수 없다. '연구의 길안내'에는 일본의 '미달이' '스모'와 외국의 '도어' '레슬링'을 대비해서 일본인이 어떻게 사고하고 어떻게 느끼는지, 그 특색을 서로 이야기하자, 라는 지시가 있다. 우리들과 그들의 차이에 주목하여 그 대비를 강조하도록 유도하고 있는 것이다. 일반적으로 자기인식에는 타자라는 거울이 필요하다고 하지만, 구미와 일본이라는 대비도식의 단위는 국가이다. 두 나라를 비교해서 그 차이를 강조할 때, 그 전제로서 한 나라의 내부는 완전히 동질인 것처럼 표상(表象)되지만, 다민족국가인 미국에도 또 상대적으로 균질적이라고 간주되어 온 일본에도, 민족이나 계급, 지역, 성, 그 외의 다양한 서로 다른 선이 존재하고 있으며, 그것이 복잡하게 뒤얽힌 현실의 일상 공간은 언제나 간단하게 조정할 수 없는 모순으로 가득차 있다. '단일민족국가 일본'이라는 이데올로기가 일본 내부의 타민족 억압의 역사를 덮어 숨겨 온 것을 상기해야만 할 것이다. 균질성의 이미지가 강화됨으로써 일본사회의 동화 압력은 보다 가혹해져 왔다. 그렇게 본다면 '그들'과 '우리들' 각각의 내부에 존재하는 차이에 눈을 돌리지 않고, 피아(彼我) 사이에 그은 선의 이쪽에서 열을 올리고 있는 이 교재는 심각하게 불모하다. 게다가 '이쪽'과 '저쪽'의 배분은 극히 자의적으로 행해지고 있다. 서양의 '초상화'는 이상화(理想化)를 통해 권위를 과시하지만, 일본의 사실적 초상화(似せ絵)의 경우에는 기록성이 존중되어 이상화의 의도는 없다고 필자들은 말하고 있다. 그러나, "전전(戰前), 일본의 가정에 천황·황후의 사진이 걸려 있었는데 그것은 메이지 이후 유럽 사상의 영향을 받았기 때문이며, 이상주의·권위주의의 전통은 저쪽에는 있지만, 이쪽에는 없다"라는 식으로, 본래 '저쪽'의 특징인 것이 '이쪽'에도 보이는 경우, 그것은 '이쪽'의 본질이 아니라고 한다. 모든 불쾌한 사례는 "저쪽에는 있지만, 이쪽에는 없다".

필자들은 '그들'은 '우리들'을 바르게 표상(表象)할 수 없다, '우리들'과 '그들'은 전통이 다르기 때문이라고 주장하고 있으며, 이 점에서 전후 초기의 언설을 규정하고 있던 보편주의는 완전히 소실되었다. 그들도 우리들도 같은 인간인 이상 언젠가 '서로 이해할 수 있을 것', 이라고 더 이상 교과서는 말하지 않는다. '그들도 우리들도 같은 인간'이라는 보편주의가 종종 실제의 차별을 은폐하는 기만적 레토릭이 된다는 것은 주의를 기울여야 할 것이다. 하지만, 이때 보편주의의 담론을 철회한 교과서는 자신의 외부를 갖지 않는 독자주의·특수주의로 폐쇄적이 되어 갔다. 그리고 현재는 이러한 일본의 내부지향적인 채로 비대해진 내셔널리즘이 자주 아시아 근린제국과의 관계에서 마찰의 원인이 되고 있다.

'사진을 좋아하는 것'은 '우리들'의 독자적인 문화라고 하는 경우, '그들'이 그린 희화(戱畵)에 대한 집착과 반발은 하나이다. '우리들'이 누구인가라는 내셔널리티 구축의 문장은 '그들'이라는 타자의 눈을 필요로 하면서 그것을 부인하는 것이다. 하지만 여기에서는 '우리들'의 이미지(像)를 필요로 하며 또한 그것을 가능하게 했던 시대성에 주목하는 편이 좋을 것이다. 급속하게 고도성장을 달성하고 있던 이 시기, 자기상(自己像)을 긍정하고 싶다는 강한 욕망이 있었다는 것은 이해할 수 있다. 이 교과서가 '근대'에서 '현대'로 라는 전망을 제시하려 했다면 이 글은 확실히 그 과정에서 발생하는 문제를 암암리에 보여주고 있었다. 근대는 명암 모두 '서양'에서 시작된 운동이었기에, 그 근대를 넘어선 현대라는 시대에, '우리들' '일본'은 자기를 재정의하고 독자성을 주장해야만 한다고 4명의 필자들은 생각했던 것이다. 그러나 그 몸짓에 있어서 '우리들'은 너무나 불모(不毛)하여 '그들'이 만든 표상(表象)을 뒤집는 데 그쳤다. 그 전제가 되는 근대국가 간의 시스템은 그대로 보존되어 있다.

미술평론의 교재, 가와키타 미치아키(河北倫明 1914-1995)의 '일본미술의 전통과 현대'도 역시 일본 문화의 독자성과 관련된 문장이다. 미술은 번역 없이 볼 수 있다고 생각하기 쉽지만, 필자는 여기에 의문을 제기하고 있다. 미술은 '세계어(世界語)'라고 말하지만 필자는 미술도 또한 국민문화의 문제와 깊게 관련된 것이라고 주장한다. 전후 초기의 키워드였던 '세계'를 의문시하는 것에서 이 글은 시작한다. "미술이라는 것은 반드시 어떤 구체적인 민족에 의해 만들어지는 것이며" 따라서 "민족의 전통에 크게 지배받는" 것이라고 한다.

파리 일류 디자이너의 의상에 대한 예민한 감각은 놀랄 만한 것이지만, 그 사람이 일본 기모노 입히기를 시도했을 때의 센스는 보통 일본인이라면 누구나 그 미비함과 볼품 없음을 쉽게 알 수 있는 정도였다고 한다. 이것은 당연한 것이며, 그런 점에 명료하게 감성의 전통이 존재하고 있는 것이다.

"에도(江戶)시대까지 하나의 종적 조화 속에서 세련되게" 완성되어 있던 일본적 감성의 전통에 메이지 이후 서양미술의 흐름이 측면에서 갑자기 들어왔다. 그것은 "근대의 자본주의문명이 각 나라·각 민족을 그 파동 속에 끌어들여 가는 경로와 병행하는 것이었기 때문에 일종의 강제적인 힘을 가지고 다짜고짜 들어온" 것이다. 근대문명은 구체적으로는 서양의 색조를 가지고 있다. 거기에서부터 이전의 일본적 감성을 "비근대적이라고 느끼는 견해"가 생기고, "재래(在來)의 안정된 일본적 감성에서 사물을 보는 견해가 아닌 오히려 근대 서양문명의 압력에 자기를 편승시켜, 그것을 통해 사물을 보는 견해"가 생겨났다. 그것은 "자기 자신의 확고한 기반이 없는 매우 취약한 것"이었다. 이 곤란을 어떻게 할 것인가?

첫째, 서양미술에 동조하는 풍조를 반성해야 한다. "그렇게 하지 않는 한 일본미술의 건강하고 순수한 발전은 어디까지 가도 기대할 수 없다. 언제까지나 근본적으로 식민지미술의 영역을 벗어날 수 없다." 둘째, 오래된 일본 전통 속의 가능성을 포착해야 한다. 거기에서부터 일본미술은 독자적인 발전경로를 발견할 수 있다. 그리고 아마도 이러한 감각은 "예민하게 시대의 경사(傾斜)에 편승하고 있는 문화층보다도, 오히려 아무 말도 없는 일반민중의 자연스러운 생활 속에 저절로 흐르고 있는 경우가 많을 것이다".

이 글에 의하면, 무엇을 '사실(寫實)'하는가의 차이가 동서미술의 차이이다. 역시 '동서전통의 상위(相違)'가 문제가 되지만, 이전의 사진론만큼 조잡한 비교는 아니며, 유럽의 '사실(寫實)'에 대해 동양의 '사의(寫意)'를 설명하고 있다. 서양이 감각되는 물체로서의 자연의 모방에 의의를 두고 있는 데 비해, 중국의 초상화는 모델이 되는 인물의 의의, 고대 왕의 정치적 도덕적 문제를 중시했다.

일본의 미술은 중국의 그것을 수용했지만, "거기에 생생한 생활감정을 도입하여 일종의 독특한 정취적(情趣的) 세계"를 설정했다.

그러나 에도 말기부터 메이지에 걸쳐 동서의 미술이 충돌했다. 일본화법으로는 원을 그려도 구슬을 그려도 구별이 없다고 비판하는 양화가(洋畵家)가 등장하고, 서구미술, 근대과학정신, 합리적 사실법(寫實法)이 도입되어 이후 일본미술사에서는 일본화와 서양화, 목각과 소조(塑造)라는 "개운치 않은 이중성"이 지속되고 있다.

하지만 "현대의 사정은 상당히 면목을 일신하고 있다". 포비슴(Fauvism 야수파) 이후의 서양미술은 객관적 사실에 한계를 느끼고, 주관의 재도입을 도모하고 있다. 즉 "크게 본다면 동양의 표현에 근접해 왔다". 최근 전위미술의 주관적 경향은 "주관, 객관의 새로운 통합과 조화를 근대적인 생활환경 속에 실현하려는 움직임"이며, 거기에서부터 "동양미술에 힌트를 얻으려 하는 움직임이 보이게 된 것도 결코 우연이 아니다".

이 문장은 근대적 사고양식과 그 역사성을 설명 속에 편입시키고 있으며, 또 민중적인 기반과 결부시켜 민족을 이해하고 있다. 그 역사의식에 착목할 때 흥미를 가지고 읽을 수 있는 글이라고 생각한다. 그러나 이 교재의 방향을 설정하는 '연구의 길안내'는 "필자가 미술에 대해 사용하고 있는 대립어(對立語)를 골라내라"고 지시하고 있으며, 다시 서구/동양이라는 무시간적 대비로 유도하고 싶어 하는 모습이 엿보인다. 무엇보다도, 교과서는 편집의 산물이다. 필자가 말하고자 하는 의미가 어찌 됐든 교재가 된 이 글은 일본의 자신회복이라는 시대의 문맥 속에 놓이게 된다. 전후

부흥과 60년대 고도성장의 기분 속에서 결국 '일본미술'의 전통은 구미 근대미술을 능가하는 가능성을 가지고 있다는 방향을 지시하게 될 것이다.

교재의 배열과 거기에 생기는 여백에 있어서 이 교과서는 일관된 이야기를 제시하고 있다고 생각된다. 획득해야만 하는 보편적 가치로서의 근대가 일본에게는 서구화의 삐걱거림에 고통 받았던 시대로 고쳐 씌어졌다. 그리고 근대라는 이념이 붕괴한 후의 현대적 불안의 깊은 곳에서부터 서양근대의 한계를 능가하는 일본의 전통이라는 이미지가 부상한다. 경제적인 성공을 이루고 있는 국민은 자국문화의 독자성에 더 자부심을 가져야만 한다는 메시지가 거기에서 들려온다.

제4장

시민사회에서 기업사회로

1960~70년대

1. 교육과 경제의 접합

1) 국가주도인가 경제주도인가

메이지 이후의 교육은 국가주도형으로 형성되어 왔다. 따라서 전후 교육 커리큘럼을 검토하는 경우에도 역시 그때그때의 교육 정책에 주목하여 그것이 어떻게 변화되어 왔는가, 그 연속, 비연속을 파악할 필요가 있다. 그러나 1960년대 이후의 교육의 기축을 파악하기 위해서는 메이지 이래의 국가주도라는 시점만으로는 부족하다. 경제성장이 정책화된 이 시기에는 경제계가 급속하게 발언력을 강화해 갔다. 그 후원을 받아 국가주도 교육정책 그 자체가 경제주도의 방향으로 구조변화를 진행시켜 갔던 것이다. 전후의 교육은 민주적 사회나 인권, 평화주의 등 일련의 전후적 가치와 연결되어 있었다. 그러나 이 시기 이후 교육의 언설은 이념이 아닌 실제적인 문제분야로, 다시 말하면 진학, 취직, 직업 등과 연결되어 갔다. 사실적 차원에서도, 학생이나 학부모의 실감 차원에서도 학교는 직업배분기구로 기능하게 되었다. 학교가 기업사회에 연결되고 재통합됨으로써 교육계의 전체적 도식이 변환되어 간 것이다.

50년대 후반의 사회는 "더 이상 전후는 아니다"라는 목소리와 함께 '전후부흥'을 넘어 '경제성장'으로 목표 사정을 넓혀 갔다. 1960년에는 미일안보조약 개정에 반대하는 공전의 대규모 항의운동이 일어나 기시 노부스케(岸信介)의 퇴진으로 이어졌지만, 그 후임으로 등장한 이케다 하야토(池田勇人)내각은 "10년 이내에 국민소득을 배증(倍增)" "금후 3년간 경제성장은 연평균 9%를 목표로 한다"는 것을 결정했다. '정치'의 시대는 '경제'의 시대로 전환하였으며, 10년을 기다릴 필요도 없이 목표는 달성되었다.

반복하지만 경제성장정책, 소득배증계획은 60년 안보투쟁 후에 책정된 것이다. 거기에는 정치적 항의행동의 진정화(鎮靜化)라는 의도가 있었다. 주의해야만 하는 것은 이때 '성장'이라는 개념이 '생산'뿐만 아니라 '소비'의 측면도 포함한 개념으로서 재정의되었다는 것이다. 개인소비의 확대를 가지고 행복의 확대로 간주하는 가치관이 형성되었고 마침내 그것이 사회에 침투해 갔다. 소비가 행복(그리고 행복이 소비)이라는 가치관은 어떤 시대에나 자명했던 것은 아니며, 60년 안보투쟁 후의 이때 역사적으로 창출된 새로운 가치관이다. 소비의욕이라는 것이 개개인의 내면에서 나오는 자연적인 욕구가 아니라는 것은 현재의 광고 산업 동향을 조금이라도 관찰해 보면 누구라도 알아차릴 수 있을 것이다. 6일간 일하고 일요일에는 사생활을 즐긴다는 생활양식이 표준화되는 데 있어 이 시기의 정책의 의미는 크다.

60년대에는 고교진학률이 매년 상승했으며, 소위 대중교육사회로의 변화가 시작되었다. 1950년에 45.5%(남 54.7%, 여 35.9%)였던 고교진학률은 60년에 60%를 넘어 64년에는 70.6%(남 73.3%, 여 67.8%), 74년에 90%에 도달했다. 61년에는 고교급증대책을 위한 예산이 계상(計上)되었는데, 신설고교의 60%가 공업과정(工業課程)이었다는 점에서 이 시기의 사회설계는 어디까지나 산업사회적이다. 동시에 계층에 따라서는 보다 양질의 교육을 요구하는 사고방식도 생겨났다.

이러한 변화에 따라 국어교과서의 이념도 변화되어 갔다. 개인이 사회를 통해 세계성(世界性)에 참여한다 또는 국어의 힘은 사회의 민주화를 지탱하는 언론의 힘이다 등의 방향설정이나 일본과 서양의 부조화에 고뇌했던 근대지식인 등의 문학사적 테마는 학생 개인에게 있어서는 너무나 추상적이고 큰 문제였다. 그렇다면 공동화를 피하는 것은 곤란했을 것이다. 그러나 큰 문제의 대극(對極), 다시 말하면 소비를 즐기는 개인이라는 모델이 실태를 반영한 것도 자연적인 것도 아니었다. 또한 소비사회의 리얼리티도 그것이 어떠한 특정 언설의 문맥 속에서 출현했는가를 문제시해야 한다. 50년대는 '정치의 계절', 60년대는 '경제의 계절'이라는 표현이 있다. 시대의 기분이라는 것이 급속하게 비정치화되어 간 시대, 사람들의 가치관이 어떻게 재편된 것일까? 안보개정에 항의하는 것이 아닌 소비행동에 개인적인 행복을 느끼는 '대중'은 어떠한 수로를 빠져나가 그 감성을 키워갈 것인가?

2) 학교와 직업배분

1955년 이래의 고도경제성장은 일시적인 경기후퇴가 사이에 있긴 했지만, 1973년 11월의 석유위기까지 거의 20년간 지속되었다. 그 사이에 학교졸업생들의 취직조건도 상승하였으며, 그 과정에서 학교는 진로보장의 중개라는 이미지가 형성되어 갔다. 고도성장기를 통해 신규졸업자 정기채용 관행이 성립·정착했으며 학교가 취업경로로서 결정적인 위치를 점하게 되었던 것이다.

졸업하는 학생의 구직(求職)이 학교 속에서 행해진다는 것은 학교가 직업안정소[1]의 기능을 수행하게 되었다는 것이다. 그 이전에는 3월 말에 졸업하고 하루의 공백도 없이 그 다음날부터 취업이라는 라이프사이클이 반드시 표준적인 것은 아니었다. 졸업 후 당분간 부모나 친척의 일을 도우며 보내는 경우도 적지 않았다. 그러나 이 시기 이후에 진행된 변화의 결과로서 졸업 때까지 취직이 결정되지 않는다는 것은 표준으로부터의 탈락을 의미하게 되었다. 세대나 성별에 따라서는 비정규고용이 다수가 된 현재에 있어서도 젊은 프리터를 응석부리는 게으름뱅이로 간주하는 발언이 자주 들리고, 그로 인해 불안정고용을 증가시킨 '개혁'을 문제화하는 데 방해가 되고 있지만, 거기에는 아마도 이 시기에 형성된 '표준'의 기억이 떠다니고 있는지도 모른다. 이 시기에 기업이 구인표(求人票)를 학교에 직접 보내는 시스템이 성립되었으며, 그것에 의해 학교별 서열이 부각되었고, 또 기업사회와 학교의 결합은 고도성장기를 거치면서 비약적으로 강화되었다. 그에 대응해서 사람들의 생활을 지배하는 기업사회의 논리가 학교 그 자체를 규정하게 되었다.

교육과 직업이 결합되고, 학교는 직업배분기구가 되어 계층의 재생산시스템이 되어 갔다. 사람들 사이에, 싫어도 진학경쟁에 동

---

1 직업안정법에 기초하여 직업소개, 지도, 실업급부 등을 무료로 제공하는 행정기관. 정식 명칭은 '공공직업안정소(公共職業安定所)'. 최근에는 젊은이를 중심으로 '하로워크(Hello+Work)'로 불리고 있다.

참할 수밖에 없다는 이미지가 침투하였고 경쟁의 승자까지는 안 되더라도 고등학교만은 졸업해 두는 것이 생활안정의 조건이라는 사회적 통념이 널리 퍼졌다. 그리고 이 이미지를 지탱할 만한 실감이 이 시대에는 존재했다. 즉 '성장'이 지속되어 파이 전체가 커진다면 한 사람 한 사람의 배분도 늘어날 것이라는 이미지를, 사회의 다수파는 나름대로의 실감을 가지고 공유했다. 그러나 경제성장이 바로 행복이라는 가치관은, 이러한 이미지 자체로부터 단절되어 있던 소수파의 존재, 그리고 다른 형태의 행복을 구상하는 상상력이나 대안적인 가치를 선택하지 않은 것을 잊게 하는 것이었을 지도 모른다.

3) '인재개발'이라는 시선

이 시기부터 교육을 '개발' '투자'로 바라보는 언설이 확산되기 시작했다. 소득배증계획이 제시된 다음달, 경제심의회 60년 답신 '소득배증계획에 수반되는 장기교육계획'이 발표되었다.

> 현대사회경제의 커다란 특징은 높은 경제성장의 지속과 급속한 과학기술의 발전이 지탱하는 기술혁신시대라는 것이다. 이 과학기술을 충분히 이해하고 이용하여 사회와 산업의 요청에 바로 반응하고, 나아가 사회경제의 고도발전을 지속적으로 유지해 가기 위해서는 경제정책의 일환으로서 인적능력의 향상을 도모할 필요가 있다.[2]

재계는 말할 필요도 없이 교육제도에 강한 관심을 가지고 있었지만, 그들이 정책차원에서의 발언력을 강화하게 되자, 교육문제를 이야기하기 위한 일련의 용어는 재계용어로 바뀌어 갔다. 즉 '인간'은 '인재'로, '교육'은 '개발'이 되었다.

62년 11월 문부성이 발표한 '일본의 성장과 교육'에는 '교육의 전개와 경제의 발달'이라는 부제가 달려 있다. "인간능력을 넓게 개발하는 것이 장래의 경제성장을 촉진하는 중요한 요인이며, 그 개발은 교육의 보급과 고도화에 의존하고 있다는 인식"에 기초하여 "교육을 투자의 측면에서, 바꾸어 말하면 교육의 전개를 경제의 발달과의 관련에 주목해서 검토하려고 하는 시도"라고 하였다. '인간능력' '인재개발'이라는 시선의 전환에 의해 그때까지의 이상주의적인 교육용어가 '교육투자의 축적' '교육투자의 수확'이라는 일련의 경제용어로 교체되어 가는 과정을 알 수 있다.

물론 정책논의차원의 어휘가 바로 교과서의 말들을 바꾸기 위해 노골적으로 도입된 것은 아니다. 그러나 그 이전에 존재하고 있던 일련의 말들, 혹은 교재편제는 이러한 변용에 대응하여 확실히 크게 변화해 갔다. 이 시기 이후, 문학을 통해 인간성을 이해한다고 하는 종류의 보편주의적이며 이상주의적인 담론은 교과서 페이지 위에서 사라져 가는 것이다.

앞 장에서 본 것처럼 1960년대의 학습지도요령에는, 국어 교재도 문학적인 문장에 치우치지 않고 "실용적인 것, 논리적인 것"을 중시하지 않으면 안 된다고 하는 문구가 등장한다. 실제 교재에

2 『戰後日本教育史集成』 7.

대해서는 나중에 검토하겠지만, 이미 국어 시간은 민주적인 언론 사회를 지탱하기 위해 있는 것도, 개성을 가지고 세계성에 관여한다고 하는 주체형성을 돕는 것도 아니다. 근대소설에서 근대시민 사회의 정신을 배운다거나 동서 문명의 사이에 놓인 근대지식인의 고뇌에 동일화되는 시간도 아니게 되었다.

4) 기업사회의 일본문화론

60년대 이후의 교육문제는 기업의 요망과 그것을 반영한 경제구상에 의해 교육 그 자체의 외부에 의해 규정되게 되었다. 63년 2월에 경제심의회 답신 '경제발전에 있어서의 인적 능력 개발의 과제와 대책', 소위 말하는 '사람 만들기 백서(人づくり白書)'가 제출되었다. 이 시기의 경제계에서는 공업화의 진전에 의한 노동력 부족이 이미 문제가 되고 있었으며, 이 답신도 학교를 노동력 공급을 위한 기구로 규정하고 노동시장 구조에 직접 접속시키려 한다. 경제성장계획의 목표를 달성하기 위해서는 어떠한 종류의 노동력이 어느 정도 필요한가, 그것을 계량적으로 산출하고 이 수치에 맞추어 각 분야, 각 레벨의 학교제도가 확충되고 재편된다. 이러한 교육계획론의 기둥으로서, 교육과정의 다양화, '교육에 있어서의 능력주의의 철저', '하이 탤런트 맨파워'[3]의 조기발견과 육성 등, 그 후의 교육정책에도 이어지는 안(案)이 이때 이미 제시되었다. 게다가 이 답신은 기업의 경영질서는 국민의 생활 전반에 걸친 의식을 규정

---

3 '하이 탤런트 맨파워'는 경제와 관련된 각 방면에서 주도적인 역할을 수행하며, 경제발전을 리드하는 인적 능력을 의미한다고 한다.

한다는 문제의식에 입각하고 있어 노동환경뿐만 아니라 생활환경, 사회보장제도 등 사회정책 전반에 걸친 검토가 행해졌다. 그 일환으로 교육 본연의 모습도 개혁대상으로 간주되었던 것이다.

흥미로운 것은 '사람 만들기 백서'의 논조가 후에 '일본형 경영'이라 불리는 경영가족주의적인 노사관계를 지향한 것이 아니었다는 점, 유동적이고 횡단적인 노동시장을 전망한 구미형 능력주의를 기반으로 하고 있었다는 점이다. 평가기준도 연공(年功)이나 학력에 의한 평가 대신에 철저하게 객관적인 능력에 의한 평가를 해야 한다고 주장하고 있다. 그러면서도 이 시기의 경제계는 무엇보다 노동력 부족에 고심하고 있었다. 그 때문에 각 기업은 한번 획득한 노동력을 정착시키기 위해 다양한 방책을 강구했다. 구체적으로는 기업 내에서의 근속급(勤續給)·경험급(經驗給)의 정착, 복리후생의 확충이 진행되었다. 평가기준도 실제로 보급된 것은 백서가 주장한 직무실적을 평가하는 '능력주의'가 아니었다. 기업에 공헌하는 충성심, 적극적인 자세나 인품 등 주관적 기준을 포함시켜, 미리 한정되지 않은 다양한 요청에 유연하게 대응할 수 있는 잠재능력을 중시하는 형태의 평가, 결국 보다 까다로운 능력주의가 형성되었다. 그리고 이로부터 나중에 자주 언급되는 '일본형 경영'스타일이 형성되었다.

종신고용제, 연공임금제, 기업내노동조합이라고 하는 일본형 고용이나 일본적 노사관관계의 관행은 일본 고유의 문화에 기인한 것이 아니고, 1930년대에서 40년대에 걸친 전시동원체제 속에서 형성된 것이라는 것이 각 분야의 연구에 의해 이미 지적되고 있다.

그러나 80년대까지 국제경제에서의 일본의 '성공'은 '집단주의'라는 일본문화론적 · 이데올로기적인 것과 불가분의 것으로서 설명되는 풍조가 있었다. 석유위기와 70년대 불황으로부터 회복한 일본경제가 세계경제 속에서 혼자 승리한 것 같은 양상을 보인 시기에 에즈라 보겔(Ezra Vogel)의 『Japan as Number 1』,[4] 찰머스 존슨(Chalmers Johnson)의 『통산성과 일본의 기적』[5] 등이 간행되어 일본형 경영에 국내외의 관심이 집중되었는데, 이것에 상대적으로 변하지 않는 문화가 아닌 변경 가능한 시스템이라는 수정파적 입장도 섞어 가면서, 국내외에서 기업경영의 '일본문화론'이 화제가 되고 소비되었다. 당시의 일반적인 일본문화론 붐의 배경에도 집단주의적 심성을 '문화'로서 이야기하려는 하는 기업인의 의식이 있었다는 것은 자주 지적된 사실이다.

'우리나라의 국민성'에 기인한 것이라는 종업원의 충성심, 귀속감 등이 경영에 있어서 긍정적 효과를 주는 것으로 간주되고, 집단주의적 심성에 의해 노사간의 대립이 잘 조정되며, 혹은 일본사회에 대립은 원래 존재하지 않는다는 이야기가 유행했다. 그러나 이 '일본적'인 체제를 지탱하고 있던 것은 고도경제성장이라는 경제환경과 그 환경에서 연유한 높은 구인배율이었다. 실제로는 70년대 석유위기 이후 통계상 수치로는 조작적으로 숨겨져 있었지만 일본에서도 잠재적 무업자(無業者)는 증가하고 있었으며, 저성장 하에서의 합리화가 진행되고 있었지만, 불황에 신음하는 타국

---

4 『ジャパンアズナンバーワン』(TBSブリタニカ, 1979年).
5 『通産省と日本の奇跡』(TBSブリタニカ, 1982年).

경제와의 대비를 통한 '일본의 성공'을 배경으로 일본성공신화의 유통은 그치지 않았다.

당시의 비판적 언설도 동일한 신화의 함정에 빠지지 않았다고는 말할 수 없다. 80년대의 일본 비판은 일본문화, 일본의 특수성, 독자성을 칭찬하는 말의 라벨을 뒤집은 것이 되기 쉬웠다. 그 때문에 '일본적인 것'을 비판하는 말이, 결과적으로는 그것을 보다 강하게 실체화하는 것이 되었다. 그때까지 '일본적 집단주의'를 비판하고 있던 세력은 흐름이 바뀌고 게임의 규칙이 변한 그 순간을 놓쳐, '개혁'을 기분적으로 후원하는 것이 되었다. 비판하는 쪽에서 신화와 실태를 구분하지 못한 것은 역시 커다란 잘못이었다.

5) 내셔널리즘과 재계

기업경영자의 일본문화론은 역사적인 구성물이다. 그 형성에 있어서 경제계는 내셔널리즘을 차용했다. 1965년에 '기대되는 인간상'이 공표되어 다양한 의견이 나왔는데 그 답신의 담당 주임으로 기초(起草)를 맡았던 것은 고사카 마사아키(高坂正顯)였다. 이 인물은 과거 교토(京都)학파의 일원으로서 '세계사적 입장과 일본'이라는 좌담회에 참가하였으며, 언론보국회 이사에 취임하는 등 전쟁 중의 활동으로 잘 알려진 사람이다. 논쟁을 야기한 것은 교육기본법에 대한 비판이나 올바른 애국심, 상징(象徵)에 대한 경애의 마음 등 하나같이 복고조의 문언(文言)이었는데 임시위원 중에는 이데미쓰 사조(出光佐三)나 마쓰시타 고노스케(松下幸之助) 등 재계인이 포함되어 있었다. 이 답신은 재계의 의향을 반영한 것이기도 했다는 점에 주의할 필요가 있다. 전후의 '애국심'교육은 전전(戰前)국가에 대한 단순한 향수에 의한 것이 아니라 그 방향설정에는 경제사회의 요청이 겹쳐 있었다.

60년대에는 경제성장노선이 요구하는 능력주의에 기초하여 '인간능력'의 측정·선별의 방향이 명백하게 주장되었다. 그러나 그 플랜대로 유능/무능의 확실한 구분이 행해져 사회에 균열이 발생한 경우, 머지않아 심각한 사회불안을 조성할 것이라는 것은 용이하게 예상할 수 있었다. 때문에 사회적 균열을 호도할 수 있는 이념이 요청된 것인데, 거기에 내셔널리즘이 재이용되어 복고적인 논조가 다시 호출된 것이다.[6] 한쪽의 능력주의는 선별·분단의 논리, 또 다른 한쪽의 애국심은 동질성에 기초한 통합의 논리이다. 두 논리가 동시에 전개된다면 상당히 뒤죽박죽이 될 것 같은데, 오히려 논리가 맞지 않았기 때문에 상쇄(相殺)기능이 기대되어 한 세트로 사용되었다고 말할 수 있다. 전후의 내셔널리즘은 고도자본주의사회의 그것이며, 다시 말하면 사회구성원을 동원하기 위한 것이라기보다도 성원간의 심각한 분단을 호도하기 위한 것이라는 성격을 가진다. 그 점에 전전형 내셔널리즘과의 차이를 발견할 수 있다. 현재의 내셔널리즘도 또한 기본적으로는 그 배후에 있는 심각한 사회적 균열로부터 주의를 딴 데로 돌리기 위한 것이라고 보아도 좋다.

80년대 임시교육심의회의 '교육의 자유화' 방침에서도 내셔널리즘이 이용되고 있다. 자유화＝규제완화는 말하자면 통합해제의

---

6 山崎政人, 『自民党と教育政策』, 岩波親書, 1986.

방향설정이지만, 이 방침은 언뜻 보기에 그것과 양립하지 않을 것 같은, 국민적 아이덴티티의 활성화와 한 세트로 제시되었다. 국가적 통합의 후퇴와 국가의 존재강화 간의 모순된 한 세트화의 사례는 60년대 이 시기 이후 반복되어 온 것이며, 현재 교육현장을 포함한 사회 전체 속에서 진행되고 있는 개혁 속에도 이 반복이 관찰된다. 99년의 국기국가법 제정 이래, 교육현장에서 사상 · 신조의 자유를 옹호하는 교원에 대해서 처분을 포함한 가열(苛烈)한 압력이 가해지고 있는데, 그 타이밍은 세계화를 배경으로 자유화 · 민영화가 진행되며 사회불안이 높아진 때였다. 현상으로서는 틀림없이 전전형의 탄압이지만, 동인(動因)으로서는 현대적이다. 국가에 의해 버려진 계층의 불안이 반대로 국가 지지(支持)로 유용(流用)되는 모순, 참을 수 없는 모순이 거기에서 발생하고 있다. 다만, 80년대 이후 기업의 해외진출과 함께 일본은 급속하게 군사화를 진척시키고 있으며, 이러한 시점(視點)에서 본다면 현재의 내셔널리즘도 경제격차 확대에 의한 사회적 균열을 속이기 위한 것, 즉 내정문제라고만은 도저히 말할 수 없게 되었다. 해외에서의 무력행사를 가능하게 하는 개헌론의 동향과 동시진행으로 "나라를 사랑하는 마음"을 교육기본법에 포함시키는 방향으로의 '개정'론이 힘을 가지게 되어, 이론(異論)이 존재하는 가운데서도 마침내 2006년 말 신교육기본법이 공포 · 시행되었다.

2. 공해와 환경문제

60년대 이래 학교는 기업사회와 긴밀하게 접합되어 기업사회를 향해 졸업자를 양성하여 송출하는 기관이 되어 간다. 이 시스템은 과거 미셸 푸코(Michel Foucault 1926-1984)가 '생체권력(bio-power)'으로 그린 권력 모드, 즉 개개인의 안정된 삶을 보장함으로써 사회질 서의 안정을 증강시킨다고 하는 것과 관련이 있다고 할 수 있다. 개인의 삶과 사회체의 삶과의 긴밀한 관련에 기초한 이러한 근대 적인 권력의 모드는 특별하게 일본적이지는 않지만, 사회보장을 커버한 것이 사회국가＝복지국가라기보다 기업이었다는 점은 일 본적인 특징이었다고 말할 수 있다. 그 특징이 고도성장이라는 조 건 하에서 형성된 이상, 저성장 나아가 불황기가 되면 기업은 기업 의 논리에 의해 사회보장체제로부터 손을 빼게 된다. 그리고 기업 에 의존했기 때문에 원래 불충분했던 공공의 사회보장제도가, 설 상가상 '큰 정부'라는 비판을 받아 삭감된 경우, 충분한 개인자산의 비축이 있는 계층은 어찌되었든 그렇지 않은 보통 사람들이 불안 없이 사는 것은 불가능하다.[7]

또한 이 노사 간의 항쟁이나 대립과는 무관한 듯이 이야기된 70 년대를 지나오면서 경영 측과 교섭을 해야만 할 노동조합이 해체 되고, 노동자라고 하는 주체는 집단으로서는 용해(溶解)되어 버렸

---

7 後藤道夫, 『反「構造改革」』, 青木書店, 2002.

다. 협조적인 집단주의라는 '신화'가 언설의 수준에서 효력을 발휘하여, 사람들에게 실제로 필요한 집단을 파괴한 것이다. 현재의 노동자는 끊임없이 불안정고용의 불안에 떨면서도 개개인으로 분단되어 교섭의 주체가 되기 어렵다. 이것도 역시 '일본문화' 신화의 부(負)의 유산이라고 말할 수 있을 것이다. 신화는 현실은 아니지만, 현실적인 효력을 창출해 온 것이다. 정치와 경제의 장에서 실효적 기능을 수행한 '일본문화'는 어떻게 구축되고 어떠한 문맥에 배치되었는가? 이러한 시점에서 국어교과서에 등장한 문화론에 대해 생각해보자.

1) '인간'을 되찾다

앞에서 본 바와 같이 60년대 이후의 교육정책에서는 '경제'가 주요한 축으로 등장했다. 그러나 예기하지 못한 귀결로서 70년대로 접어드는 시점부터 사회는 '공해'가 가져온 심각한 파괴에 대응해야 할 필요에 직면했다. 경제성장＝산업화의 과정에서 가차 없는 자연파괴가 진행되어 경제성장의 빛나는 열매도 그 때문에 심각해진 막대한 부하(負荷)를 숨길 수 없었다. 환경청이 발족한 것은 71년 7월이다.

『신판 현대국어 1』[산세이도(三省堂), 1972년]에는 '7 자연과 인간' 이라는 단원명으로 이시무레 미치코(石牟礼道子 1927-2018)가 쓴 미나마타병(水俣病)의 기록문 '다시 한 번 인간으로(もう一ぺん人間に)', 가라키 준조(唐木順三 1904-1980)의 '두려움이라는 감정 ─ 어느 샘물가에서 한 생각(おそれという感情 ─ ある泉のほとりで思ったこと─)'

이 수록되어 있다. 단원의 말미에는 "'자연과 인간'의 관계에 대해서, 여러분은 무엇을 보고, 무엇을 느끼고, 무엇을 생각했는가? '다시 한 번 인간으로'와 '두려움이라는 감정'의 학습을 통해 얻은 생각을 정리해 보자" "여러분을 둘러싼 환경으로서의 자연에 관해 호소하고 싶다고 생각하는 것을 다음 문장을 단서로 하여 2천자 정도 써 보자"라는 '안내'가 붙어있다. 이시무레 미치코, 가라키 준조의 두 글은 모두 환경문제, 공해교육가 관련된 글이라는 위치가 부여되어 있는 것을 알 수 있다.

이시무레 미치코의 '다시 한 번 인간으로'는 『고해정토(苦海浄土)』의 제3권 '유키 씨에게 듣고 씀(ゆき女聞き書き)'으로부터 발췌하여 재구성된 교재이다. 장 제목에 있듯이, 이 글은 '유키' 즉 사카가미 유키(坂上 ゆき) 라는 이름의 미나마타병 여성 환자로부터 들은 이야기를 쓴 것이다. 단 환자로부터 들은 말 그대로는 아니다. 이시무레의 입장에서 쓴 글, 발병에 이르기까지의 경위를 유키나 그 남편, 동네 사람들의 목소리에 가까운 문체로 재현한 이야기 부분, 그리고 환자를 '37호 환자'나 '환자번호 18'로 부르는 해부소견의 의학 언설, 그리고 생사의 경계에서 들려오는 듯한 유키의 목소리가 서로 울리고 있다. 이질의 목소리를 혼재시킨, 그 문체 자체에 사상이 깃들어 있는 듯한 글이다. 공장과 정부에 의해 방치된 공해 때문에 도저히 납득할 수 없는 죽음을 죽어 간 사람들의 모습은 비통할 뿐이다. 그리고 그 죽음을 그린 글이 비교할 데 없는 당혹감을 느낄 정도로 아름답다. 각각의 목소리를 인용해 두겠다.[8]

《1959년 5월 하순, 너무나도 늦게, 처음으로 내가 미나마타병 환자를 한 시민으로서 병문안을 간 것은 사카가미 유키(37호 환자, 미나마타시 쓰키노우라)와 그녀의 간호자이며 남편인 사카가미 모헤(坂上茂平)가 있는 병실이었다. 창 밖에는 온통 어지러울 정도로 아지랑이가 피어오르고 있었다. (중략) 5월의 미나마타는 향기로운 계절이었다.》

《나는 그녀의 침대가 있는 병실에 당도하기까지 여러 명의 환자들과 일방적인 만남을 거쳤다. 일방적이라고 한 것은 그들과 그녀들 중 몇 사람은 이미 의식을 잃고 있었고, 간신히 의식이 남아 있다고 해도 이미 자신의 육체와 영혼 속에 깊이 들어와 있는 죽음이 코앞에 보이는 듯 이제 곧 자신의 것이 되려고 하는 죽음을 찬찬히 보려는 듯 동공이 벌어진 눈을 휘둥그레 뜨고 있었기 때문이다. 반쯤 죽은 사람들이 아직 숨을 쉬고 있는 모습에는 곤혹스럽고, 절박하며, 납득할 수 없다는 감정이 머물고 있었다.》

《"아마쿠사 여자는 정이 깊다네." 그리 말하며, 모헤가 그 밑에서 일했던 어르신이 유키를 소개해주었고 함께 산 지 3년도 채 못 되었다. 딸들을 다 시집보낼 때까지 의리가 깊은 그는 오랫동안 후처를 들이지 않았기 때문에 "저쪽도 과부고 자식은 없다네, 성격 좋고 일 잘하고 인물도 어부

---

8 인용 중 필기체로 표기한 부분은 원문에서는 미나마타 지방의 방언으로 기록되어 있고, 고딕체로 표기한 부분은 한자와 가타카나로 표기되어 있음. 가타카나 표기는 전보나 일기 등에 쓰였음.

마누라로는 좋은 쪽이라네. 상대가 없으면 배도 못 나가지, 얻으라고."》

《그 유키가 저녁상을 치우고 바느질을 하면서 때때로 고개를 흔들고 자꾸 눈을 문지르게 됐다.》 《점점 말 수가 적어지고 생각에 빠져 있는 듯한 모습이다. 5월 문어 잡이 항아리를 올리면서 유키는 한 마디씩 끊어가며 말했다.

"여보, 나, 요즘, 왠지, 좀, 힘이, 없어졌어. 이 항아리도, 열심히, 끌어올리지만, 왠지, 그물이, 손끝에서, 빠져나가고, 팔꿈치도, 힘이, 안 들어가. 산부인과도, 나쁜 데가, 없는데, 왜 이러지?"》

《모헤의 두꺼운 가슴은 두근거리기 시작했고 둘 다 입을 다물었다. 유키가 시집 온 해는, 요 이삼 년 고기잡이가 줄었다는 소리가 온 부락에서 들리기 시작했다. 그러고 보니 모헤도 자기 어장을 버리고 아마쿠사 출신인 유키의 노에 의지하여 장소를 바꿨다.

부락 높은 곳에 있는 어르신 집에서,

"어-이, 뿔고기 쓰러지네."[9]

라고 부르는 소리도 못 들은 지 오래다.》

《고양이들이 묘하게 죽기 시작했다. 온 부락의 고양이가 다 죽고, 도시에게 얻어 온 고양이를 물고기를 주며 아무리 잘 길러도, 그 춤을 추기 시작하면 반드시 죽는다.》

---

9 역자 주: 바다에 물고기 떼가 나타난 것을 높은 곳에서 보고 잡으러 나가라고 마을 어부들에게 알리기 위해 사용하는 이 지역의 표현.

《국도 3호선은 뜨거운 먼지를 가라앉히며 해안선을 따라 달리고, 쓰키노우라(月の浦)도 모도(茂道)도 유도(湯堂)도, 부락의 여름은 쥐죽은 듯 조용했다. 아이들은 수확 없는 물고기 잡기에 질리면 해안을 달리기 시작한다. 바위 뒤나 해안을 따라 이어지는 샘물 부근에서 작은 물고기를 잡아먹는 물새들이 부리를 물에 잠근 채 후 후 숨을 쉬며 날아오르지 못하고 있다. 아이들이 들어 올리면 축 부드러운 목을 늘어뜨리며 애달프게 눈을 뜬 채 죽었다.》

《1965년 5월 30일
구마모토대학 의학부 병리학 다케우치 다다오(武内忠男) 교수 연구실.
요네모리 히사오(米森久雄)의 작은 소뇌의 단면은 오르골 같은 유리 통 안에 바다 속 식물처럼 무심하게 열려 있었다. 엷은 세피아색의 산호 가지 같은 뇌의 단면을 마주하고 있노라니 무겁고 움직이지 않는 심해가 열린다.

요네모리 예의 뇌에 대한 소견은 이 상태로 용케 생명이 유지되었다고 생각될 정도로 황폐하며 대뇌반구는 마치 벌집 내지 그물 같은 상태를 나타내며 실질은 거의 흡수되어 있었다 ······》

《요네모리 히사오(米盛久雄), 1952年10月7日 出生, 患者番号 18, 発病 1955年7月19日, 死亡年月日 1959年7月24日, 患者

世帶主 요네모리 모리조(米盛盛藏), 家業 木手, 住所 구마모
토현(熊本県) 미나마타(水俣)市 데즈키(出月), 미나마타病
認定 1956年12月1日.

미나마타시청 위생과 미나마타병 환자 사망자 명부에
기록된 7살 소년의 평생의 이력은 덧없고 단순하고 명료하여
그것은 수조 안의 세피아색 식물 같은 그의 소뇌에 어울렸다.

이 날 나는 다케우치 교수에게 부탁하여 한 여체의 해부
를 참관했다.

— 대학병원 의학부는 무서워.
커다란 도마가 있어, 인간을 요리하는 도마.
그렇게 말하는 어부 사카가미 유키의 목소리.

인간은 죽으면 또 인간으로 태어날까? 난 다른 걸로 태어나지
말고 인간으로 다시 태어났으면 좋겠다. 난 한 번 더, 당신이랑
배로 바다에 나가고 싶다. 내가 옆에서 젓고 당신이 뒤에서
젓고 두 노 저어서. 어부 각시 돼서 아마쿠사에서 건너 왔는걸.
난 집착이 깊으니 다시 한 번 꼭 인간으로 태어날 거야.》

긴 인용이 되었지만, 그래도 단편적으로밖에 인용할 수 없는 것이
대단히 유감이다. 『고해정토―나의 미나마타 병』을 직접 읽어주었
으면 좋겠다.

미나마타병 제1호 환자가 발견된 것은 1953년, 공식 확인으로부

터 공해병 인정에 이른 것이 68년이지만, 그 12년 사이에 배수(排水)는 그대로 흘러나가고 있었다. 질소(窒素)미나마타공장이 스스로 잘못을 인정한 것은 소송판결이 내려진 73년, 즉 이 교과서가 사용 개시된 해이다. 미나마타병의 역사는 행정, 기업, 시민이 진실을 숨기려 했던 역사였다고 말할 수 있다. 경제우선과 바꾸어 '인간'에 대한 시선은 극도로 희박했다. "나는 인간이 너무 그리워(うちは人間がなつかしゅうてならん)"라는 유키(ゆき)의 말은 교과서의 전후사를 더듬어 온 우리들의 마음에 파문을 일으키지 않을 수 없다. 전후 초기부터 이십 수년이 지나 '인간'이라는 말이 전후 교과서에 다시 등장하고, 그것이 피안(彼岸)에서 당도한 미나마타의 말 속에 나타났다는 것에 가슴이 찔리는 느낌이다. 과거의 교과서는 언어가 달라도 인간이라면 서로 이해할 수 있다, 보편적 인간성에 닿을 수 있다, 라고 말하고 있었다. 그러나 미나마타로부터의 목소리는 그 '인간'을 다시 한 번 상기시키면서, 그 보편성의 질을 다시 묻고 있는 것이기도 하다. "다시 한 번" "인간으로"라고 할 때의 '인간'은 한 번 빼앗겨 파괴된 것이며, 파괴한 것은 공해를 배출한 기업이고, 그것을 방치한 행정이며, 그리고 경제성장이라는 가치가 행복으로 직결되는 것으로 긍정한 시민들에 의해 구성된 전후사회 그 자체이다. 그 모든 것으로부터 되찾아야 할 '인간'으로서 이 말은 몇 번이고 회귀한다. 그것은 되돌릴 수 있는 것이 아닌 생명의 비통한 목소리로 호소하는 '인간'이다.

이리 하여 전후 교과서의 공간이 그 시발점으로 거슬러 올라가 되물어진다. 그것은 말하자면 '고발'이지만, 그 몸짓은 동시에 '인간'을 회복해야만 하는 가치로서 재정의하는 몸짓이기도 하다. 아마도 이시무레(石牟礼)의 글은 전후 교과서의 공간에 배치를 받지만 그 전체를 다시 응시하는 그런 힘을 가지고 있는 것 같다. 미나마타의 방언의 울림은 잃어버린 바다의 향기를 생각나게 하는 한편 해부 소견의 딱딱하고 비정서적인 말과 교차하고 있다. 문체 상호의 차이를 통해 무엇인가가 메아리쳐 오는 것 같다. '듣고 씀'은 들은 목소리를 그대로 쓰는 것을 의미하지 않는다. 죽은 사람의 목소리를 들으려고 하고, 그것을 잊지 않기 위해 적어 두고, 이야기의 장을 마련하여 그 목소리에 공명(共鳴)하려 함으로써 죽임을 당한 그들과 그녀들 한 사람 한 사람을 위한 장소를 확보하려고 하는 것만 같다. 이 교과서의 개정판에서도 사용된 이 교재에는 '연구의 길안내'로서 "이 글 속의 방언과 학술용어는 어떠한 대조적 효과를 만들어내고 있는가?"라는 설문이 있다. 방언은 그 목소리로 말하고 있던 사람들과 그 목소리가 오가던 과거의 미나마타 바다를 장(場)으로 해서 환상처럼 나타나지만, 학술용어는 그러한 목소리로 말하고 있던 사람들 한 사람 한 사람의 생애도 병리학의 일반성에 회수된다. 그 사이로부터 오히려 상실된 것이 환상처럼 떠오르는 것 같은 느낌이 든다.

2) 근대비판의 추상성

이시무레 미치코(石牟礼道子)의 글과 짝이 되어 단원을 구성하고 있는 가라키 준조(唐木順三)의 '두려움이라는 감정(おそれという感情)'을 보자. "근대나 근대화를 비판하며, 근대가 인간을 어떻게

분자화(分子化)하고 왜소화했는지를 생각해 볼 필요가 있다"고 하는 근대비판이 취지이다.

야쓰가타케(八ヶ岳)의 서쪽 기슭에 풍성하게 물이 고이는 샘이 있다. 두랄루민 기둥으로 주위를 둘러싸인 출입금지 구역이다. 하이커가 주위를 훼손하기 때문이라는데 거기에서 필자는 '물과 인간, 물과 일본인'에 관해 생각하게 된다. "도요아시하라노미즈호노쿠니(豊葦原の瑞穂の国)[10]라고 자국을 칭해 온 물의 나라 일본"에서 물에 대한 존경의 마음은 일본문화의 한 특색을 이루고 있는데, 수도꼭지를 틀게 된 인간은 더 이상 물에 대한 존경, 신성한 장소에 대한 '두려움'의 감정을 갖지 않는다. '두려움'이란 "어떤 위대한 것, 사람의 힘이나 지식이 미치지 못하는 것에 대한 외경심"인데, 이 감정이 상실되었다. 그리고 이 글은 다음 방향으로 변조해 간다.

> 요즘 '대화(話し合い)'라는 말이 유행하고 있다. 이야기하면 이해할 수 있다는 전제에 서서 '대화'함으로써 이해할 수 없는 일, 어려운 일을 처리하려고 한다. 그것은 한편으로는 좋은 일이다. (중략) 동시에 한편으로는 대화에 의해 만사가 처리 가능하다는 참월함을 무의식적으로 환기하고 있다.

---

10 역자 주: 도요아시하라노미즈호노쿠니란 신의 뜻에 의해 벼가 풍성하게 익어 번성하는 나라라는 뜻. 일본국을 아름답게 칭하는 말임.
とよあしはらのみずほのくに〔みづほのくに〕【豊葦原の瑞穂の国】
《神意によって稲が豊かに実り、栄える国の意》日本国の美称。
출전: デジタル大辞泉(小学館) / https://kotobank.jp/

'대화'의 정신이란 인간의 지(知)를 초월한 것, 신성한 것을 인정하지 않으려 하는 정신이라고 필자는 서술한다. 필자에게 문제인 것은 아름다운 샘이 솟는 곳에 빈 쥬스 캔을 버리는 행위가 아니다. 그것을 어떻게 이해하는가이다.

> 세상은 위와 같은 소행을 왕왕 공덕심(公德心)의 결여라는 것으로 설명하려고 한다……내가 여기서 특히 문제로 삼는 것은 사회도덕이나 공덕심이라는 인간과 인간의 관계만이 아니라 인간과 인간을 초월한 것 사이의 관계, 또 자기와 자기 이상의 것과의 관계이다.

필자가 우려하는 것은 관광지에 빈 깡통을 버리는 자연파괴 행위가 아니라 오히려 그것을 공공심(公共心)의 결여로 설명하는 근대적 감성이다. 인간과 인간을 초월한 것 간의 수직관계에 기초한 '두려움이라는 감정'의 복권을 주장하는 가라키 준조는 그 관점에서 인간과 인간 간의 수평관계를 기초로 한 공공심을 비판한다. 수평관계에는 신성한 것, 인간의 지를 초월한 것에 대한 외포(畏怖)가 결여되어 있기 때문이다. 그것은 '물의 나라 일본'이 원래 그런 것이 아니며, 데카르트 이래의 이성(理性)신앙을 수입한 결과이다. "근대라는 시대는 말하자면 두려움이라는 감정·정서를 불식하는 시대였다." 그러나 그것은 '일본'적은 아니다.

그것이 유럽의 근대의 특색인데 유럽은 그 과학기술적 선진성 때문에 세계의 우위에 섰고, 유럽의 근대가 즉 세계의 근대, 가 되어 버렸다. 일본의 근대화는 패전 후에 본격적으로 촉진되어 왔기 때문에 두려움이라는 감정이 청소년 사이에서 사라져 간 것도 어쩌면 당연한 일일 것이다.

이 글의 테마는 아무래도 환경문제는 아닌 것 같다. '유럽의 근대'의 이입(移入)에 의해 변질되어 버린 일본을 우려하는 글이라고 해야 할 것이다. 그리고 이러한 글이 전술한 이시무레 미치코의 글과 나란히 동일한 단원으로 묶임으로써 거기에 하나의 문맥이 형성되고 있다. 이시무레의 글에 붙은 '연구의 길안내'에는 "이 글 속의 방언과 학술용어는 어떠한 대조적 효과를 만들어내고 있는가?"라는 설문이 있다. 즉 방언과 학술용어는 '대조적'이다. 한편 인접하는 가라키의 글은 '유럽의 근대'를 '과학기술적 선진성'에 포인트를 두어 설명하고 있다. 다시 말하면 단원의 논리에 의해, 이시무레의 글에서의 '방언'과 '학술용어'의 대비는, 가라키 글의 '일본' '유럽의 근대'의 대비와 겹쳐서 이해하도록 유도되고 있다. 문명비판을 취지로 하는 가라키의 글이 이시무레 글의 이해 틀로서 기능한다면, 그 결과 미나마타의 문제는 "데카르트 이래의 이성신앙의 귀결"로 이해될 수 있게 된다. 그것이 특별한 잘못은 아닐 것이다. 다만, 미나마타병 환자의 비통한 죽음의 구체성에 대해 "데카르트 이래의 이성신앙"은 아무리 보아도 핵심으로부터 벗어나 있다. 데카르트보다 훨씬 가까이에 책임자가 있을 것이다.

조금 더 두 글의 관련에 대해 생각해 보자.

가라키의 글은 "대화에 의해 만사가 처리 가능하다는 참월함"에 비판적이다. 유럽 근대의 패권에 의해 일본은 본래의 모습을 상실했다고 하지만, 대화나 공공성이라는 가치관은 유럽 근대가 가져온 재난이며, 일본 본래의 것이 아니라는 표현에는 의문을 느낀다. 그 경우, '방언' 문화에 뿌리 내린 대화도 있을 수 있다는 점이나, 하나하나의 생명과 인간성이 뿌리째 파괴된 존재에 대해 상상을 발휘한다는 근본적인 공공심(公共心)의 중요한 가능성이 봉인되어 버리는 것은 아닌가? 한편에는 전통과 방언의 세계가 있고, 다른 한편에는 대화와 공공성의 세계가 있어, 그것이 둘로 양분된 다음 고래(古來)의 일본과 서구근대와의 대비를 강조하는, 틀에 박힌 언설에 회수된다면 사고의 폭이 일거에 규제되어 버린다.

가라키의 글에서는 '대화'가 '유행'어로, 대화로 만사를 처리할 수 있다는 인간의 참월함을 환기하는 것으로 간주되고 있다. 그러나 전후 초기의 국어교과서부터 더듬어 온 우리들은 과거에 대화 즉 서로 이야기하는 것은 민주주의의 근간으로서 가장 중요시되었다는 것을 알고 있다. 그렇다면 이 교재는 국어교과서의 전후사에 결정적인 전환을 고하고 있는 것이 된다. 공공성의 창출과 유지로부터 전통적·종교적 감정의 존중으로. 사회구성의 이념은 180도 크게 선회하고 있다. 그러나 공공적인 것과 전통적인 것은 물과 기름처럼 서로 용납되지 않는 두 개의 성질은 아니다. 그것을 둘로 나누는 언설규제에 의해, 사고가 불가능하게 되는 것은 어떠한 영역일까?

미나마타병의 피해자는 상조회를 만들어 1959년 말에 질소주식회사와의 합의를 얻어냈다. 그러나 피해에 대한 지불은 도저히 충분하다고는 말할 수 없는 것이었으며, 보상이라기보다는 위문금의 성격을 띠고 있었다. 보상금이라면 피해자가 받는 당연한 권리라는 의미를 갖지만, '위문금'이라는 용어는 오히려 그것이 정부와 회사의 온정, 은혜라는 이미지를 갖게 한다. 피해자는 '위문금'을 받고 침묵하지는 않았다. 니가타(新潟)의 수은오염피해자가 소송을 일으켰고, 이어 욧카이치(四日市)대기오염사건, 도야마(富山)카드뮴공해사건이 이어져, 공해가 사회적으로 폭넓게 인식되게 되자, 미나마타병 환자의 일부는 69년 6월에 질소주식회사에 대한 소송을 단행했다. 공업화나 환경보호에 대한 국민의 의식도 변화하여, 국가를 위해, 산업발전으로 인해 사람들의 생명과 생활, 지역사회가 파괴되는 것은 어쩔 수 없다, 라고는 더 이상 생각하지 않게 되었다.

일련의 반공해운동은, '합의'를 기반으로 한 전통적인 정치스타일이나, 항쟁보다는 조화를 선호한다는 일본인론과는 질적으로 다른 정치문화를 가져왔다는 평가를 받고 있다. 한편 이시무레 미치코가 '우리 사민(死民)'이라는 말을 사용한 것처럼, 미나마타병 투쟁은 근대'시민'사회의 틀 안에서 이뤄진 운동과는 이질적인 논리를 가지고도 있었다. 대화의 스타일이라는 기존의 틀을 동요시키면서 그것을 새롭게 창출하는 운동이었던 것이다. 보수정당의 온정도 아니고, 그렇다고 추상적인 이데올로기도 아니며, 나아가 근대시민적 윤리를 기반으로 하는 운동론으로부터도 자유로웠다. '방언'적인 것과 '대화'적인 것은 적어도 이 스타일에 있어서 양립할 수 없는 것이 아니다. 오히려 방언으로 합의하지 않았다고 말한 그때, 생명의 뿌리를 잘라 버리지 않는 공공성의 새로운 차원이 사회를 뒤흔들었던 것이다.

3 . 조직과 개인

1) 개인 자유의 한계

『신편 현대 국어 개정판 3』(1971년)에는 '3 근대 소설'이라는 단원이 있다. 모리 오가이의 '무희(舞姬)', 나쓰메 소세키의 '히로타 선생 ― 산시로 ―'와 이토 세(伊藤整 1905-1969)의 평론 '메이지의 작가들(明治の作家たち)'이 조합되어 한 단원을 구성하고 있다. 이토의 글은 50년대에 쓰인 것이지만, 여기에서는 그것이 70년대의 교재로 수용된 시점에서의 의미를 읽기로 하자. 이 시기의 학습지도요령에는 '문학사'에 깊이 들어가지 말라고 씌어 있지만, 이 방침이 교육현장에 침투되기까지에는 시간차가 있었다. 70년대가 그 마지막이 되기는 하지만 문학작품에는 그 역사적인 의미부여가 필요하다는 사고는 간단히 끊을 수 있는 것이 아니었다.

이토 세이에 따르면, 메이지유신 이후의 일본의 근대사회는 근대적인 산업이나 군사조직 등 기술적인 부분에서 문명을 받아들였지만, "인간성에 관한 사고는 옛날 그대로"였다. 예를 들면, 도쿠토미 로카(德富蘆花 1868-1927)의 『두견새(不如歸)』에서 나미코(浪子)·다케오(武男)는 사람들이 부러워하는 서로 사랑하는 부부였지만, 나미코가 결핵에 걸리자 '이에(家)'의 존속을 최우선하는 전 세대인 시어머니의 압력에 의해 헤어진다. 그것은 봉건적＝비근대적 질서 속에서 살고 있는 인간을 그린 비극이었지만, 한편으로 고다 로한

(幸田露伴 1867-1947)의『오중탑(五重塔)』『풍류불(風流佛)』의 경우, 주인공 장인은 자신이 몸에 익힌 기능으로 타인을 이기고 출세하여 자기실현을 달성하려 한다. 이 로한의 작품에는 이미 사회에 대해 자기를 주장한다고 하는 근대적인 사고방식의 싹이 보이며, 개인의 입신(立身)이 사회 속에서 위치를 부여받고 있다.

이토 세이는 사회와의 대립, 혹은 사회규범으로부터의 해방을 통해 근대적인 자기의식이 확립된다는 견해를 가지고 있다. 그의 글은 개인과 사회는 기본적으로 대립하는 것이며, 그 사이의 갈등에서 작가들의 '근대'성을 발견해내려는 문학사였다고 해도 좋다. 여기에는 메이지기의 대표적인 문학을 예로 들어가면서 '자아(自我)'라는 관념을 축으로 한 근대정신사가 제시되고 있다. 메이지는 전체적으로 비근대적인 절대주의시대이며, 그 속에서 문어체＝구(舊)도덕의 형식주의에서 해방된 구어체의 소설문체가 소소한 자유의 표현이 되었다. 이렇게 말하는 이토 세이는 억압과 해방이라는 근대 이야기에 의거하고 있다고 우선 말할 수 있다. 그러나 해방언설에 따라 말하고 있음에도 불구하고 이토의 주장이 반드시 해방을 축복하는 것은 아니다. 그것이 미묘한 것이다. 이 문장의 취지는 해방을 지향하는 근대성의 싹 속에 이미 '개인의 자유'의 한계가 표현되고 있다는 점에 있다.

인간의 자유를 원칙으로 하는 근대사회에 있어서도 그 자유가 무한적인 것은 아니다. 한 사람 개인의 자유는 머지 않아 다른 인간의 자유를 침해하게 된다. 즉 자유라는 것에는 한계가 있다는 의식을 민감한 인간이라면 강하게 느끼게 될 것이다. 이것을 이 작품(전게한 로한의 작품)이 제시하고 있다.

자신의 자유는 논리적으로 타인의 자유에 저촉되며, 마침내 사회에 저촉된다고 이토는 생각한다. '문학혁명'으로서의 자연주의는 이 모순에 대해 순진했다. 사회에 대한 사려 없이 기존의 도덕을 부정하는 에너지가 발휘되었기 때문에, 자연주의 문학운동은 혁명적일 수 있었다고 이토는 역설적인 주석을 달았지만, 비교되는 것은 역시 여기에서도 나쓰메 소세키이다. 초기에는 "웃음에 의한 비평문학"을 쓴 소세키는 후반기가 되면 『마음(こころ)』『명암(明暗)』등, "인간의 에고가 서로 스치는 두려움"을 그리게 되었다. 그러한 점에서 자아의 확장을 추구한 단순한 자연주의 작가와는 확연히 구분된다는 평가를 받고 있다.

전후 초기의 교과서에는 '소세키'는 사소설(私小說)을 쓰지 않았던 작가, 일본에서 유일하게 서구의 근대소설에 상당하는 작품을 남긴 작가라고 서술되어 있다. 그러나 경제성장을 거쳐, 일본경제가 세계적 성공을 거둔 70년대에는 '근대'를 둘러싼 언설의 틀도 크게 모습이 변한다. '소세키'가 문호(文豪)인 이유는 역사기술의 기축이 변한 후에도 역시 그것에 대응할 수 있는 작품을 가지고 있었기 때문이다. 이 작가는 전후의 각 시기가 그때마다 요구한 주체의 형태에 대답하는 것 같이 그 표정을 크게 변화시켜 온 것이다.

대부분의 근대작가와는 달리 '소세키'는 에고이즘의 무서움을 알고 있었다고 이토는 쓰고 있지만, 우리들은 이 담론을 이미 잘 알고 있다. 제3장에서 검토한 이노 겐지(猪野謙二)도 서구근대문학을 순진하게 동경했던 대부분의 근대작가와는 달리, '오가이와 소세키'는 근대사회와 근대인의 추한 부분을 알고 있었다고 썼다. 이노의 경우, 에고이즘의 한계를 깨달은 오가이와 소세키는 '나'를 버리는 사상에 도달했다고 한다. 이노 겐지와 이토 세이의 정치적 입장은 아마도 다르겠지만, 역시 이토도 서양/동양의 대비에 관심을 보이고 있는 것이다. "이 오가이와 소세키의 사고방식에는 일맥상통하는 것이 있다. 그것은 동양의 지식계급이 옛날부터 품어 왔던 바인, 현세의 욕망을 포기하고 자기 욕심을 버린다고 하는 사고이다."

2) 반개인주의의 교재

문학사 플롯의 레벨에서는 종종 문학사가(文學史家) 개개인의 견해 차이는 그다지 문제가 되지 않는다. 그것은 문학사가 문학평가를 넘어선 보다 넓은 사회적 시대적 언설 공간에서 이야기되기 때문이다. 문학사가(文學史家) 개개인에게는 나름 개인적인 취미나 기호가 있고, 그것에 기초하여 작품의 평가도 달라질지 모른다. 그러나 문학사가 작품 감상임과 동시에 역사 기술인 이상, 사회적 시대적으로 공유되는 평가 틀에 의해 영향과 규제를 받게 된다. 우리의 목적은 문학사가의 개성보다 오히려 익명의 시대적 언어 그 자체가 말한다고 할 수 있는 문학사 플롯에 주목하는 것이다. 그러한 시점에서 다시 한 번 공통부분이 적지 않은 50년대 교재와 70년대 교재 사이의 차이에도 주의하지 않으면 안 된다.

　문학사는 주체성, 자기, 개인, 자유를 어떻게 말하고 있는가를 축으로 변용해 왔다. 이토 세이의 '메이지의 작가들'은 어떠한 배경에서 개인이나 자기를 그리고 있을까? 이토 세이는 서양 / 동양이라는 문명론적 구도 외에 사회와 개인의 관계를 논점으로 도입하고 있다. 다만, 이토가 말하는 '사회'는 전후 초기에 이상화된 주체적 개인들이 만들어낸 시민사회가 아니라, 개인의 저항이 그 앞에서 무의미해지는 비인간화된 사회기구, 개인이 그 톱니바퀴밖에 되지 못하는 메커니즘이다.

　이토의 기술에도 '소세키'와 함께 역시 모리 오가이가 등장한다. 작가라기보다는 육군 군의관으로 국가의 중요 포스트에 오른 오가이는 다른 '일본 문사(文士)들'과 달리 냉철한 사회기구를 이해하고 있었으며, 거기로부터 도피하지 않았다. 그 곤란 속에서 만년의 '소세키'가 '측천거사(則天去私)'의 경지에 도달했던 것처럼, 오가이는 "레지그나치온[Resignation(단념·포기)]이라는 사상"을 형성했다고 한다. "즉, 자신이 물러나 타인의 에고를 들어준다는 생각이다. 나쓰메 소세키의 측천거사라는 것은 자신에게 운명으로 주어진 고통에는 인내를 하며, 자신의 에고를 지나치게 주장하지 않고, 타인과 조화를 이루자는 사고방식이다."

　자아를 살리는 것에만 관심을 가진 '문단(文壇)사람'과는 달리, '문호(文豪)' 두 사람은 실생활을 하는 데 있어서 피할 수 없는 에고의 대립에 의식적이었으며, 사회로부터 도피하지 않는 이상, 그것을 어떻게든 해결하지 않으면 안 되었다. 이토 세이는 소세키·오가이와 함께 톨스토이, 도스토예프스키, 로렌스의 '에고 탈피'에 이르고, 나아가 동양·서양을 타입 분류하고, 동서(東西) 작가의 차이는 석가와 예수에까지 거슬러 올라가지만, 이 부분은 생략하자.

이 글에서는 빈번하게, 2행에 1회 정도로 빈번하게 '근대인의 에고' '에고이즘의 두려움' '추한 에고'를 이야기하는 말이 나타나며, 그 속에서 전통으로 자리매김된 '자기포기'가 강조된다. 사회로부터 도망하지 않고, 사회 속에서 자기포기하는 것이 필요하다는 이 글의 주안점은 70년대 초기의 국어교과서라는 문맥 속에서, 동시기의 일본문화론의 흐름을 따르는 것이었다고 느껴진다. 주위의 사고를 헤아려 집단의 질서를 흩트리지 않는 사람이 즉 된 사람으로 인정되는 것이 일본문화론 속의 일본인데 '에고이즘'의 추함에서 빠져나온 문호의 이미지는 이런 담론에 후광과 깊이를 더했을 것이다. 자기 욕심을 버린다는 담론에는 깊은 전통문화와 종교성을 띤 숭고함이 부여되었던 것이다.

이토의 문학사는 모리 오가이의 '무희', 나쓰메 소세키의 '히로타 선생'과 함께 '메이지의 작가'라는 단원 속에 배치되어 있다. 이 문맥에서 '무희'의 테마는 근대적 자아의 좌절일 것이며, 『산시로』에서는 히로타 선생이 이기주의, 이타주의의 시대적 교체를 이야기하는 장면이 발췌된다. 즉 이 단원은 자아, 이기심, 에고이즘으로 말을 교체하면서 반개인주의를 축으로 교재를 편제한 것이다.

개인주의에 대한 평가는 역사적으로 크게 변화해 왔다. 1914년에 나쓰메 소세키는 '나의 개인주의'라는 제목으로 강연을 행하여, 개인주의는 국가주의와 대립하는 것이 아님을 강조한다. 역으로 말하면, 당시 일반적으로 개인주의는 국가에 대항하는 악한 사상, 일본을 오염시키는 외국사상으로 간주되었다. 전시기가 되자 개개의 목숨은 국가에 바치기 위한 것이며, 개인주의는 구미사상의 중심기축으로 배격대상의 필두에 놓여진다. 그리고 8·15 패전을 경계로 군국주의이데올로기에 맹종한 역사적 경위에 대한 반성으로 외재적 권위에 미혹되지 않고 스스로의 내적 신념에만 따르는 자유롭고 자율적인 개인이라는 인간상이 권장모델이 되었다.

전후 초기의 국어교과서에서 자유로운 주체, 자유로운 개인이라는 이념이 다양한 담론의 기저에 있었던 것은 앞에서 본 바와 같다. 그로부터 20년 남짓 후 70년대의 교재는 에고이즘을 악으로 그리기에 이른다. 사심을 버리고 집단의 화(和)를 존중한다는 '일본적' 미덕은 전시 이데올로기의 회기라고 하기보다는 오히려, 국제경쟁에서 생각 밖의 승리를 거둔 일본형 경영이 이야기하기 시작한 미덕이었다고 생각된다. 미시마 유키오(三島由起夫 1925-1970)가 1964년 『견과 명찰(絹と明察)』에서 경영가족주의의 걸작 희화(미시마의 진의가 희화화에 있었는지 아닌지는 늘 그렇듯 불명확하지만)를 그리고 있는데, 이 소설의 소재가 된 사건은 1954년에 있었던 오미견사(近江絹糸) '인권'쟁의이다. 사건이 작품화되기까지의 10년 사이에 스트라이크라는 노동자의 사건이 경영자의 일본가족주의로 변환된 셈이다. 10년이 필요했던 것은 미시마의 반응이 늦었기 때문이 아니다. 사회적 가치관이 교체되고 시대의 말이 변환되는 데는 그만큼의 시간을 요했다는 것이다.

3) 조직과 개인

『신편 현대 국어 개정판 2』(70년)에는 '2 조직과 인간'이라는 단원이 설정되어 가토 히데토시(加藤秀俊 1930-)의 '살아 있는 인간관계(生きた人間関係)'와 그 외의 교재가 수록되어 있다. 가토 히데토시는 50년대 후반의 논단을 떠들썩하게 했던 대중사회론의 중심적인 논객 중 한 명이다. 이 교재는 "우리는 조직을 벗어나 살수는 없다"라는 문장으로 시작된다. "조직이라는 것은 불쾌한 것"이라고들 하는데, 그렇다면 커뮤니케이션의 회로를 개량하면 된다. 현대적 리더의 능력은 "한 사람 한 사람을 식별하여 '복수의 자기' 사이에 조화를 이루어내는 능력"이며, 그것은 군대의 사령관이 병사에게 무조건 명령하는 것과는 근본적으로 다르다, 라는 글이다. 구(舊)군대로부터 스스로를 구별할 신시대의 조직론을 이 시대는 요구하고 있었다. 오가이·소세키의 의 사심 없음(無私)을 이야기한 이토 세이와는 전혀 다른 문체인데, 양자는 조직 속의 인간, '복수의 자기' 사이의 조화라는 테마를 공유하고 있어 같은 시기에 교재로 수록된 것도 당연한 일이라 생각된다. 이토 세이 역시 50년대에 '조직과 인간'이라는 글을 썼다(『改造』 1953·12). 그 발상은 메이지 작가를 다룬 문학사에도 침투해 있으며, 나아가 70년대라고 하는 교과서적 현재의 문맥을 부여받아 메이지기보다 고도성장의 시대에 더욱 많은 관련을 가진 언설이 되어 갔다. 교육계를 포함한 사회 전체의 규범이 기업사회의 논리에 따라 재구축되는 시대이다.

4) 사심 없음(無私)의 그 후

더 다음 시대의 교재인데 『현대문 3정판』(88년)에서 교재가 된 야나기 무네요시(柳宗悦 1889-1961)의 '마스코의 그림무늬 질주전자(益子の絵土瓶)'를 보아 두자. '사심을 떠남'의 궁극적인 모습이기 때문이다.

이 글은 1954년, 잡지 『마음(心)』에 발표되었다. 오랫동안 마스코의 가마에서 그림 그리는 장인으로 일을 하다 베를린에서 열린 제1회 국제 수공업박람회에서 특선을 수상한 미나카와 마스(皆川 マス)를 클로즈업하여 개성과 독창성을 기초로 하는 근대적 예술 개념에 대한 안티테제로 삼고 있다.

이 글은 미나카와 마스가 그림무늬를 그린 질 주전자의 특성을 이하와 같이 전부 부정형의 문장으로 설명하고 있다. 즉 '천재'의 소산이 아니고 '독창적'이지 않고 '미를 이해하고 만든 것'이 아니며 '전시되거나 감상되기 위한 것'이 아니며 '개성의 표현 따위' 찾을 수 없고 그리고 '평범하고 학문 없는 자'가 그렸으며 '자신이 창조한 무늬가 아니'며 '저렴한 실용품'이며, 그것은 '노동을 동반한 땀 흘리는 일'이며 '어디에도 낙관이 보이지 않는다'. 근대예술의 관점에서 보면 모든 '악조건'을 갖추고 있다. 그 그림무늬 질주전자가 아름답다, 라고 야나기는 쓴다.

그녀는 말하자면 '바보의 하나 배우기'로 몇 종류인가의 그림을 그릴 뿐이다. "그 외의 그림은 그릴 여력조차 없다". 이런 단순작업에는 진절머리가 날 것 같은데 그렇게 하지 않으면 먹고 살수 없는 신세다. "감흥이 솟을 때만 일을 하는 미술가들과는 그 처지가 몹시 차이가 나는" 것이다.

반복과 숙련은 마침내 일일이 무엇을 그릴 것인가 의식조차 하지 않게 하는데, "의식에 매이지 않는 이 자유는 대단한 작용을" 한다. "인간의 작은 개성에 가두어지지 않음" "때문에 오히려 보편적인 것에" 연결되어 "인위를 넘어선 자연스러움으로까지 되돌아" 간다. 이 일은 독창 따위 기대하지 않는다.

하지만 힘이 없는 사람들이라 무언가 기댈 것이 필요합니다. 그것으로 전통이 준비되어 있습니다. 전통은 이미 개인을 넘어선 일반적인 것입니다. 그 비개인성이야말로 가난한 개성밖에는 가지고 있지 않은 중생을 위해 얼마나 감사한 버팀목인지 모릅니다. 매일의 벗이 될 그림무늬 질주전자는 개성의 표현 따위 기대하지 않습니다. 아니 그런 것이 되면 보편적 성질을 잃어버립니다. 모두의 반려가 될 수 있는 질주전자이라야 좋은 것입니다.

이 질주전자 그림에는 타력이 생생하게 움직이고 있습니다. 그리는 사람은 설령 작은 자라도 그것을 넘어선 커다란 힘이 그리게 하고 있음을 느낍니다. 타력의 영역에서는 천재도 범인도 구별이 없습니다. 오히려 범인 쪽이 쉽게 일에 몰입할 수 있겠지요. 왜냐하면 자랑할 자기가 없기 때문입니다. 겸손한 마음, 온순한 마음, 수용하는 마음,

그것은 오히려 학문 없는 사람, 가난한 사람이 부여받기
쉬운 덕이 아닐까요.

　"바보의 하나 배우기"라고 쓰면서 마스코의 그림무늬 질주전자
와 그 작자를 절찬하는 글이다. 근대적인 예술관을 상대화하려는
필자의 발상을 잘 이해할 수 있다. 그러나 80년대의 교재가 된 이
글에 나 자신은 강렬한 의문을 느끼지 않을 수 없다. 그것은 반드
시 근대적인 가치관에 오염되어 있기 때문만은 아니라고 생각한
다. "학문 없는 사람, 가난한 사람"을 칭찬하는 말이 그렇게 말하
는 필자를 근대와 비근대 양쪽 다 내려다보는 듯한 특권적인 위치
에 밀어올리고 있다고 느껴지기 때문이다. 역사의 외부에 몸을 두
고 방관하는 위치에서 근대적이든 전근대적이든 역사 내부에 있
는 자의 어려움, 아픔을 이해할 수 있을까하는 의문인데 그 이해
를 스킵해 버린 절찬에는 역시 위화감을 느끼지 않을 수 없다. 미
나카와 마스의 작업은 세계적인 평가를 획득했지만 그 일은 일반
적으로 저임금단순노동이라 불려야 하는 것이 아닐까? 저임금을
감수해야 하는 사람들이 다수 존재한다는 사실이 어떤 문제인가
를 뛰어넘어 그 모습을 무사무욕(無私無欲)이라 절찬하게 되면 그
문제를 사회적 문제로서 표상할 통로가 막히고 개개의 불만을 교
묘하게 위로하는 레토릭으로 이어질 우려가 있다. 열악한 환경에
서의 노동을 강요받고 있는 사람들에 대해 직업에는 귀천이 없다
고 말하는 것과 같은 종류이다. 그리고 그것은 이미 다음 시대의,
다음 사회편제의 문제와 연관된다는 예감이 든다.

제5장

언어교육과 여유교육

현대까지

1. 과목편제의 격변

1) 전환의 방향성

80년대 들어 국어과 과목편제가 크게 바뀌었다. 60년대의 경제 성장정책과 함께 출발한 '현대 국어'와 고전계 과목과의 2대별 체제는 그 후 20년간이나 지속되었는데 이 체제가 종료하고 대신 현대·고전을 합한 '국어 I' '국어 II'라는 종합적 과목이 설치되었다(1978년판 학습지도요령, 82년 실시). 이유는 현대와 고전 "양자를 별개로 학습하면 그 공통성, 연속성의 측면이 상실될 우려가 있기" 때문이라고 한다. '현대 국어'체제, 즉 현대라는 시대를 근대 이전과 분리하는 과목편제가 경제성장정책의 공업화노선에 적응하는 주체, 전통적인 것으로부터 몸을 떼어내어 근대화에 매진하는 것을 꺼리지 않는 주체를 그에 맞게 성형하는 것이라고 한다면 '일본어와 일본문화의 연속성'을 재구축하기 위해 설치된 종합과목 '국어 I·II'는 역사를 보는 시각에 획기적인 전환을 고하고 있다. 이 시점에서는 두 종합과목에 이어 선택과목으로 '현대문' '국어 표현' '고전'이 설치되었다.

78년에 이뤄진 이 개정의 기본방침은 "언어교육으로서의 입장을 한층 명확히"한 것이었다. 교육과 경제가 접합된 60년대에 전후 초기의 '문학'중시 방침을 파기하고 문학적 문장만이 아니라 '논리적'인 문장을 읽을 수 있도록 이라는 방침전환이 밝혀졌고,

이 이후 탈문학화의 방향설정은 학습지도요령 개정 때마다 점차 명확해져 현재의 '표현'전경화라는 질적 전환으로까지 이어지게 된다. 공교육이 언어생활 전체 속에서 '문학'에 부여한 가치비중의 변화는 전후 반세기 남짓 동안에 크게 변화해 왔다. '언어교육으로서의 입장'이 제시되는 가운데 나온 '현대문' 교과서를 살펴보자

1882년 검정 교과서『현대문』은 '1 인간을 응시한다' [이토 세이 '청춘에 관하여(青春について)', 미야자와 겐지(宮沢賢治 1896-1933) '나메코버섯과 산속 곰(なめこと山の熊)'], '3 근대의 소설' [시가 나오야(志賀直哉 1883-1971) '아카니시 가키타(赤西蠣太)', 가메이 모토지로(梶井基次郎 1901-1932) '어둠 속의 그림두루마리(闇の絵巻)'], '4 현대의 소설' [하세가와 시로(長谷川四郎 1909-1987) '나의 백부(ぼくの伯父さん)', 오오카 쇼헤(大岡昇平 1909-1988) '포로기(俘虜記)'], '10 해외의 소설' [후타바테이 시메이(二葉亭四迷 1864-1909) '밀회(あひびき)'] 등 국어과 전체의 개정 방침에도 불구하고 훌륭한 문학교재들을 나열하고 있다는 인상을 받는다. 다만 70년대까지는 간신히 명맥을 유지하고 있던 문학이론이나 문학사 등 메타 문학적 교재는 일소되었다. 이런 언설은 '문학'이라는 대문자 이념을 제시하고 개개의 작품의 존재이유를 그에 의해 보증하며 사회적으로 자리매김하는 데 공헌해 왔다. 따라서 이 시기의 교과서에 나열된 다채로운 교재는 고전과 현대를 관통하는 일본문화의 연속성을 표상한다고 되어 있지만 그 이상의 내실을 갖는 사회적 혹은 역사적인 문맥과 연결되어 있는 것은 아니다. 결국 역사적으로 문맥화해야 할 문학이라기보다 그 자체로서 의미를 갖는 명문·명작인 것이며 또 그런 개개의 작품

은 이 역시 개인화된 독자의 사적인 취미에 연결되게 될 것이다. 이 시기의 교실에는 학생이 제각각 자유롭게 '텍스트'를 해석한다는 교육방법론이 도입되어 어느 정도 성과를 올렸는데 그 전제의 하나로 이와 같은 언설편제가 있었다. 역사 없는 개인, 이라는 주체를 산출하는 언설편제였다고 말해도 좋다.

이윽고 현재의 '교육개혁'의 원류라고 하는 '임시교육심의회'[나카소네 야스히로(中曾根康弘 1918-) 자문, 1984~87년]의 답신이 나오고 이것을 반영한 다음 학습지도요령개정(1989년, 94년 실시)에는 '교육의 자유화' 노선이 제시되었다. 80년대 중반은 세계적으로도 영국의 대처, 미국의 레이건, 일본의 나카소네의 정권기에 해당한다. 작은 정부와 민간 활력의 도입을 선전하며 사회보장과 복지를 감축하는 신자유주의 정책에 의해 약자 자르기, 사회연대 자르기가 촉진된 시기로 교육의 '자유화' 또한 이 문맥에서 이해해야 한다.

이와 때를 같이 하여 일본문화의 이해와 일본인이라는 자각이 '국제교류'시대라는 고차원의 목표 하에 중시되게 되었다. 전후 초기로부터 많은 시간이 흐른 뒤 '국민'의 문화적 특성을 '세계'의 문화 아래 자리매김하는 담론이 다시 도래했다고도 할 수 있겠으나 그러나 시대의 문맥은 이미 패전 후의 폐허는 아니다. 미합중국의 대일무역적자시정을 위한 엔고정책에 합의한 이후 시작된 소위 버블경제의 시기이다(학습지도요령이 실시된 시기에는 이미 거품은 붕괴). '현대 국어'체제 때처럼 전근대로부터 자신의 몸을 떼어내어 근대화에 매진해야 한다는 자세도 이미 철회되어 다음 단계로의 이륙이 시야에 들어왔을 때이다. 이 시기의 '일본문화'는 경제대국으로서의 자부 내지 해외진출을 추진하는 일본기업이 필요로 한 자기표상이며, 이 경우 고차원의 목표인 '세계'가 의미하는 것도 더 이상 초국가주의에 대한 반성을 담은 보편적 인간성을 말하는 것은 아니다. 경제세계화의 환경 하에 '국제경쟁'이나 '세계수준'이 표방되게 된 후 외국인에게는 이해가 안 된다는 방향의 '일본 특수론' '이질론'도 소리를 죽이게 되었다.

"우리나라의 문화와 전통을 존중하는 태도의 육성"과 함께 이때의 학습지도요령에는 "개성" "자기교육능력" "스스로 배우는 의욕과 사회의 변화에 주체적으로 대응할 수 있는 능력의 육성" "평생학습" 등의 일련의 말들이 제시되었다. 키워드는 개인과 자기이다. 더 이상 국민 전체에게 통일 기준을 가리키는(그리고 위반자를 단속하는) 것은 아니다. 스스로 신고한 기준을 자신 안에 내면화시켜 그 기준에 비추어 자신을 점검하고 끊임없이 자신을 쇄신하는 의욕이 요구되는 것이다. 새롭게 권장되는 모델은 이처럼 내부을 향하여 똬리를 튼다고 할 수 있는 자기회기적인 주체였다. 피곤한 일이다. 하지만 주의할 점은 외부에서 획일적인 기준을 강요하는 것이 아니라는 것, 개인의 재량권을 확대하는 것 자체는 자유로운 것이라는 것, 그 점에 관한 한 반대의견을 서술하기 어렵다는 점이다. 역사적으로 자기결정권을 박탈당해 온 여성이나 소수자에게 이것은 여전히 중요한 가치이다. 하지만 포스트 근대의 역사적 지평에서 자신의 의욕이라는 가치는, 의욕이 없는 사람은 없어도 괜찮지만 먹고 살 수 없는 것도 자기 탓이라는 공갈의 말이 될 수도 있고, 또 노력하지 않으니 안 되는 거라고 잘라버리기를 정당화하는 말이 될 수도 있다. 각자의 의욕이 요구되는 개개인이 기준 단위가 되면 공통의 문제에 있어 연대가 가능했던 사회집단도 내부로부터 점차 무너지게 될 것이다. 자유주의적 가치관의 그 올바름을 다른 역사적 맥락에 차용하는 데서 바로 신자유주의 가치관점이 제출된 것이다.

국어과에 관해서도 제도상의 구체화가 추진되었다. 우선 소위 '규제완화' '자유화'이다. 이전까지 5개였던 국어과의 과목 수가 '국어 I' '국어 II' '현대문' '현대어' '고전 I' '고전 II' '고전 강독'의 8과목이 되어 말하자면 과목의 '다품종화'가 이루어졌다. 그리고 필수로서 '국어 I'이 남은 외에는 이전에는 준필수 취급을 해 온 '국어 II'를 포함하여 필수라는 결박을 풀어 일제히 선택과목이 되었다. 배우는 쪽도 보다 좋은 상품을 잘 보고 선택하는 주체로서 표상되어 결국 소비사회의 주체와 비슷하게 성형되게 된다. 변화한 것은 제도만이 아니었다. '국어'의 교육 내용 자체에도 근본적인 변화가 일어나는데 그에 관해서는 후에 자세히 살펴보겠다.

2) 포스트공업사회로

오부치(小淵) 수상의 사적자문기관인 '21세기 일본의 구상' 간담회가 2000년 1월에 보고서를 제출했다. 당시는 영어 제2공용어론, 의무교육3일제 등 급진적인 제언이 화제가 되었지만 그것들을 지탱하는 발상으로 이 보고서가 근대적 권력모드와의 결별을 선언한 점에 주목해 두자. 이것은 공업화사회에서 포스트공업화사회로, 근대사회에서 포스트근대사회로의 전환을 고하는 선언문이라 할 수 있는 것이었다.

　　메이지 근대화와 함께 일본은 유례를 보기 힘들 정도로 교육정책의 충실에 힘써 당초부터 공립학교를 전국에 전개하고 교원의 자격을 표준화하고 교과 내용, 교과서 자체에 이르기까지 제도화하여 균질화에 힘썼다. (중략) 백년 교육의 성공은 일본의 근대화, 특히 공업화에 필요한 고도로 균질화된 인재를 대량으로 공급했다. 낮은 문맹률, 과학적 상식의 확산, 초보적인 계산능력의 보급, 나아가 결백, 꼼꼼함이라는 국민성은 일본의 근대교육의 승리의 증거이다. / 그러나 20세기 끝에서 많은 사람이 지적하듯이 바로 이 국민교육의 대성공이 몇 갠가의 문제를 낳았다. 가장 두드러진 문제는 일본이 공업사회에서 포스트공업사회로 이행하는 가운데 그것을 지탱할 선구적 인재가 다른 선진국에 비해 육성되기 힘들다는 점이다.

　　― '21세기 일본의 구상' 제5장 일본인의 미래(제5분과회 보고서)

보고서는 이와 같이 역사의 패러독스를 나타내고 있다. 메이지 이래 "국민교육의 대성공" 그 자체가 21세기를 맞는 현재의 멍에가 되고 있다는 것이다. 지금 필요한 것은 국민 전체를 널리 커버하는 근대적 교육제도가 아니라 포스트공업화사회로의 신속한 이행을 지탱할 "선구적 인재" 즉 "미지의 세계를 두려워하지 않는 모험심"과 함께 '결과로 일어날지도 모르는 리스크에 대해 스스로 책임을 지는 정신'을 갖춘 인재다. "거액의 국비가 교육에 쏟아 부어진" 근대교육 단계는 종말을 고했다. 교육은 이제 공공의 책임 범위에서가 아니라 개개인의 '자기책임'의 영역에 재배치되어야 한다는 생각이 표명되어 있다. 학교에 오기 싫으면 오지 않아도 된다, 그것은 자신이 결정할 일로 그 때문에 직업을 얻지 못하게 되면 그 역시 자기책임이다. 여기서 개인의 문제는 있지만 사회문제라는 카테고리는 없다.

'이수내용의 다양화'도 이 주장과 대응하는 실천분야의 유기적인 일부를 이룬다. 다양화·다품종화된 선택지 중에서 보다 좋은 교육상품을 선택하는 주체가 표준화된다면 경제적 이유나 그 밖의 이유로 애당초 선택을 할 수 없는 경우조차도 기본적으로는 자기책임으로 이해되어, 결국 문제의 본질이 표상되지 않게 될 것이다. 교육의 질을 선택하는 장면에서는 아이 본인에게 재량권이 있다기보다는 그 부모의 문화자본·경제자본이 힘을 발휘하는 것이 현실이다. 자신의 희망에 반하여 선택의 폭 자체를 박탈당하는 아이들도 적지 않다. 또 애당초 미완성의 주체인 아이를 어떻게든 책임주체로 길러 가는 것이 교육의 과정이라고 한다면 교육의 입구에서 기완성의 책임주체를 상정하는 논리가 개재되는 것이 과연 타당한가, 원래라면 당연히 논의가 필요한 부분이다.

그러나 80년대에 구상되어 90년대부터 현재까지 진행된 '교육개혁'의 동향은 교육기회의 균등이라는 배려가 결여되었을 뿐만 아니라 한 발 더 나아가 '평등'이라는 가치 자체를 파기하려 하는 것이었던 것 같다. 현행 학습지도요령에서는 '여유교육'이 결정적으로 심화되어 각 교과의 지도내용 삭감이나 선택과목의 확대, 초등학교의 '생활' 교과 신설, '종합적 학습의 시간' 신설 등 기본적으로 설정을 느슨하게 하여, 각 학교의 교육과정에 관한 자유재량권을 확대했다. 그리고 종종 보도되듯이 현재 이런 모든 시책이 '학력저하'를 초래했다는 비판이 나오고 있다. 하지만 '여유교육'을 제언한 교육과정심의회에서 회장을 맡은 책임자인 미우라 슈몬(三浦朱門 1926-2017) 씨는 사이토 다카오(斎藤貴男 1958-) 씨가 인터뷰에서 이렇게 말하고 있다. 노골적인 발언으로 자주 인용되는 대목이다(斎藤貴男, 『機会不平等』, 文芸春秋, 2000).

"학력저하는 예측 가능한 불안이라 할까, 각호하고 했습니다. 아니 역으로 평균학력이 내려가지 않고는 앞으로의 일본은 가망이 없다는 겁니다. 즉 못하는 자는 못하는 대로 상관없다. 전후 50년 낙오자들의 저변을 올리는 데만 쏟아온 노력을 앞으로는 잘 하는 자를 무한히 키우는 데로 돌린다. 백 명 중 한 명이라도 좋다, 머지않아 그들이 나라를 이끌어 갑니다. 한 없이 못하는 비재(非才), 무재(無才)에게는 성실정직한 정신만 배양해두도록 하면 되는 겁니다."

대량의 노동력을 필요로 했던 공업화단계라면 모르나 포스트공업화 단계에 들어간 현재, 국민 전체를 커버하는 교육은 이제 재정상 상책이 아니다. 의욕 없는 자는 없어도 된다. 오히려 그들을 잘라버리고 그 몫의 비용을 일부 '선구적 인재'에게 돌리겠다는 구상이다. 즉 전보다 3할 삭감된 학습내용이 미니멈 기준으로 제시되고 그 미니멈을 가르치는 학교와 그 이상의 발전학습을 하는 학교와의 격차를 오히려 적극적으로 만들어낸다. 교육개혁은 격차를 낳도록 의도, 설계한 것이라는 사실을 정직한 책임자가 노골적인 말로 증언한 셈이다. 미우라 씨는 '잘하는' '못하는'이라는 말을 사용했는데 '잘하는' 것이란 사실상 등급이 매겨진 학교 중 인기가 높은 중고일관고 등을 선택할 수 있는 아이를 말하는 것으로 즉 진학학원에 보내는 경제적 여유가 있는 가정에 태어난 아이를 결국에는 의미하게 된다. 기탄없는 미우라 슈몬은 "그것이 "여유교육"의 진짜 목적. 엘리트교육이라고는 말하기 어려운 시대이므로 우회적으로 말했을 뿐인 이야기다"라고 말했는데 엘리트교육이란 말도 소위 학교엘리트가 아니라 경제적 상층부와 점점 더 일치해 가게 된다.

학력저하 문제는 처음부터 이미 계산된 것이었고 의욕 없는 자와 선구적 엘리트의 두 극을 분리해내는 일이 교육구조개혁의 본래의 목표였다는 것이다. 물론 이런 노골적인 표현으로는 통상적으로 사회적 합의를 얻어내는 것은 불가능하다. 그렇기 때문에 각 학교나 개개인의 선택의 폭, 재량권의 확대라는 표현을 취하게 된다. 포스트근대사회의 새로운 교육은 국민 전체가 아니라 개인화된 주체를 대상으로 상정하며 이 시선에 대응하는 것이 "〈여유〉속에서 스스로 배우고 스스로 생각하는 힘 등의 〈살아가는 힘〉의 육성을 기본으로 하며" "한 사람 한 사람의 개성을 살리기 위한 교육을 추진하는 것"이라는 자기회귀적 주체의 모델이 된다.

　전후 초기의 '국어'는 민주주의나 인간성이라는 보편적 이념을 이야기했고 60년대에는 공업화와 고도성장사회를 지탱하도록 균질적인 대량의 노동력을 만들어냈고 그리고 이제 스스로 선택하고 결과를 책임지는 자기라는 주체를 찾아내기에 이르렀다. 이 논리로 이야기할 수 없는 것은 사회적 불평등의 문제이다. '국어'가 이념을 이야기한 시대부터 이미 교육은 선별과 연관이 있었을 것이다. 그렇지만 선별의 논리, 장치에는 역사가 있다. 그리고 현대화된 국어과 또한 사회와 주체에게 근본적인 변용을 강요한다. 그런 의미에서 이것은 사상적인 문제인 것이다.

2. 표현의 중시와 '국어'의 확산

1) 음성중심주의

신학습지도요령[1]의 학습내용 3할 삭감 방침에 따라 2002년도 사용 개시 중학교 교과서에서 기본 교재였던 '오가이' '소세키'가 사라졌다. 이것에 위기를 느끼거나 탄식하는 발언도 적지 않았다. 하지만 국어교과서의 전후를 여기까지 짚어 온 우리는 이 사실 자체의 시비는 묻지 않겠다. 아마도 이 때 사라진 것은 두 사람의 작가는 아니기 때문이다. 문호 그 자체가 아니라 그들의 이름에 의해 상징되었던 '근대' 혹은 '일본근대'가 이때 사회평면에서 증발했다. 이 대대적인 변용의 단적인 징후로서 이것은 주목할 만한 사건이 아닐까?

---

1 역자 주: 전후 6번째 개정된 학습지도요령. 교육내용의 엄선, '살아가는 힘'의 육성을 선언하고 평생학습사회로의 이행을 촉구함. 초등학교와 중학교 학습지도요령은 1998년에 고시되어 2002년도부터 실시, 고등학교 학습지도요령은 1999년도에 고시되어 2003년도 제1학년부터 학년진행으로 실시됨. 학습지도요령은 전후 1947년 학습지도요령 '시안(試案)'으로 처음 게시되었고 1951년 개정을 거쳐 1958년 개정부터 문부대신(文部大臣)의 '고시(告示)' 형식을 취해 법적구속력이 명확해졌다. 이후 거의 10년 주기로 개정되고 있다. 최근 개정은 2017년(초등학교, 중학교)과 2018년(고등학교)에 8번째로 행해졌다(고시 이후로는 7번째). 초등학교는 2020년부터, 중학교는 2021년부터 새 개정에 따른 교과서를 사용하게 되고 고등학교는 2020년부터 학년진행으로 사용하게 될 예정이다. 다음 사이트에서 정리함.
・文部化学省 홈피 〉学習指導要領とは何か? 〉これまでの学習指導要領の変遷 〉もっと詳しく(PDF323KB)
・文部化学省 홈피 〉新学習指導要領(本文、解説、資料等) 〉学習指導要領のポイント等 〉改訂のスケジュール(PDF:77KB)

국어과는 이때 '국어'를 어떻게 정의하는가 하는 점에서 획기적인 변모를 이룬다. 소위 '영역구성'이 크게 변화한 것이다. 영역구성이란 국어의 학습내용을 큰 틀로 이미지한 것인데 이전의 구성(89년 학습지도요령, 94년 실시)에서 '표현' '이해'의 2영역이었던 것이 '말하기 · 듣기' '쓰기' '읽기'의 3영역으로 재편된 것이다.

이전의 '표현' 영역에는 〈문자〉로 '쓰기', 〈음성〉으로 '말하기'라는 발신행위가 하나로 묶여 있고 이에 대응하여 〈이해〉에는 '읽기' '듣기'라는 수신행위가 묶여 있었다. 하지만 실제로는 〈문자〉 중심의 '읽기' '쓰기'의 그늘에 가려 〈음성〉 능력의 육성은 거의 고려되지 않았다. 그 자리에서 사라지고 마는 〈음성〉은 종이시험에도 적합하지 않아 수험대응형 수업 속에서는 시간을 할애하기 어렵기 때문이다.

신학습지도요령에 대응한 지도서 『새 고교 국어 제1권』[메이지쇼인(明治書院), 2001]에 의하면 예전의 문부성은 '읽기'와 '듣기', '쓰기'와 '말하기'를 각각 하나로 묶는다는 목적의식 하에 언어능력에 관한 전국적인 조사를 행했다. 그리고 듣는 능력은 읽는 능력에 정비례하기 때문에 읽는 것의 지도를 적절히 행하면 듣는 능력은 자연히 갖추게 됨 '등등'의 조사결과를 보고하고 이에 근거하여 '이해' '표현'이란 묶음을 제안했는데, 그 때문에 〈음성〉 언어활동은 '읽기' '쓰기'의 배후로 후퇴했다라고 설명한다.

이 '폐해'에 대처하기 위해 영역구성의 발본적인 재편이 행해졌다. 즉 〈문자〉중심주의로부터 〈음성〉중심주의로. 이에 따라 과목의 순서도 '국어 표현 1' '국어 표현 Ⅱ'가 선행하고 그 다음에 '국어 종합' '현대문' '고전' '고전 강독'이라는 배열로 바뀌었다. 즉 종합적 교양보다도 표현 쪽의 우선순위가 높다. 그런데 이 시점에서 뒤돌아보면 실은 89년도판 학습지도요령에서 이미 '표현'이 '이해'에 앞서 있었다는 사실에 주목해야 한다. 즉 '국어'의 이미지는 이전부터 변용이 진행되었고 〈음성〉중심주의로의 선회는 그 개혁을 총 마무리하는 급진적인 일격으로 이해할 수 있다.

'표현'의 무대는 국어과만이 아니다. 다른 교과(지리역사과, 공민과, 이과 등)에 있어서도 역시 발표나 보고를 중심으로 하는 언어 활동의 비중이 무거워져 〈음성〉중심화는 신교육과정의 전체에 미치고 있다. 이 구조개혁은 '국어과'의 정체성을 흔드는 것이었다. 모든 교과를 '표현'이 뒤덮는 이 사태는 일면적으로 말하면 '국어'의 제패이다. 하지만 그 순간에 '국어'는 전체로 확산되어 상실된다.

같은 문제는 '소논문 입시'에 대해서도 말할 수 있다. "지식편중 입시를 벗어나 학생 한 사람 한 사람의 개성이나 인간성을 보자"라는 목적으로 소논문 입시가 장려된 지 오래인데, 각 전공에 따라 정보, 환경, 국제사회, 복지, 과학기술, 교육, 의료, 정치경제, 인간관계, 자기존재 등 그 테마는 여러 영역에 걸친다. 즉 내용적으로는 한 교과가 커버할 수 있는 것이 아니다. '국어과'의 표현은 이 사태에 어떻게 대응 가능할까? 예전의 문학 교육으로부터 언어의 교육으로 입장을 이동한 '국어과'는 이런 흐름을 받아 어떤 내용이라도 그것으로 운반할 수 있는 빈 수레로서 언어를 표상하는 수밖에 없었다. 형식과 내용의 불가분리라는 옛 좋은 시절의 문학적 언어의식은 이 지점에서 장소를 잃게 된다. 공허한 '국어'의 목소리가 추상적인 공간에 울린다. 이러한 '국어의 위기'를 맞아 갑자기 자의식을 갖기라도 한 듯, '국어과'는 스스로 고유의 영토를 단념함으로써 역으로 전부를 '국어'화하는 방향을 선택하려고 하는 듯도 보였다.

2). '국어과'와 새로운 미디어

신학습지도요령의 특색은 "지도 시 다음의 예시와 같은 활동을 통하여 언어활동을 행할 것"이라는 지시 하에 실천적인 언어활동의 예가 제시된 점이다. 고교의 경우 그 예시는 24개에 이른다. 이러한 예에 준하여 지도서는 다음과 같은 구체적인 예를 들고 있다. "인사, 대화, 전화, 인터뷰, 대담, 회화, 이야기, 버즈세션(buzz session), 토론(심포지엄, 패널 디스커션, 디베이트 등을 포함), 회의, 연락, 보고, 설명(프레젠테이션)·발표, 스피치" 등등.

그러면 국어과의 음성중심주의의 컨셉은 무엇인가? 우선 지도서는 구어 특유의 사항으로서 "①발음·음성 ②말씨 ③용어 ④문형·표현 형식 ⑤상대에 대한 의식 ⑦목적의식 ⑧장에 관한 의식 ⑨비언어적 전달정보"를 열거한다. 즉 억양, 강약, 간격두기, 몸짓, 표정 등 지금까지 '국어' 안에 계수되지 않았던 새로운 미디어에 주목하는데 이것은 결국 무엇을 '국어'로 간주하는가 하는, 언어편성 레벨의 교체를 의미한다. 더 이상 문자만이 아니다. 음성=신체, 발신자와 수신자가 있는 구체적인 발화의 현장, 그 총체가 '국어과'가 커버하는 영역이다. 즉 새롭게 정의된 '국어'이다.

새 국어과는 발화된 말만이 아니라 발화의 장면도 포함하는 것이다. 물론 일반적인 예의. TPO도, 그 장에 맞는 소리의 톤이나 몸짓, 표정 등에 유의하도록 명할 것이다. 그것에 더하여 지도서는 "인터뷰도 토론도 그것을 수행하는 틀이 있다"라고 한다. 그 '틀'을 배우고 그 '틀'에 따라 언어활동을 행하도록 배운다. 그것이 '국어' 그 자체가 된 것의 의미는 크다. 우리는 교실 밖에서도 머리 좋은 사람의 말하는 방식, 일 잘하는 사람의 말하는 방식, 면접에서 이기는 말하기 방식, 등등의 매뉴얼이 넘치고 있는 것을 알고 있다. 새 '국어과'는 그런 발상을 '국어'로서 공식적으로 인지하고 다시 사회로 되미는 것이다.

장면과 목적에 적합한 소리를 내기 위한 자기교육은 고용의 불확실성에 농락되는 사람들의 불안과도 접점이 있는 것이었다. 상시 고용되기 쉬운 자신을 준비하라는 사회적인 명령에 노출되어 있는 사람들은 자신을 프레젠테이션하는 방법을 알고 싶다는 새로운 욕망에 사로잡혀 있다. 어떤 상황에서도 유연하게 대응할 수 있는 자신의 모습은 '국어과'의 학습항목의 연장선상에 있다. 이 점에서, 한 직업 한 직장에 자부심을 가지고 평생 근무한다는, 예전의 말하자면 근대적, 산업사회적인 사회인 이미지로부터 이륙한 후의 '국어'인 것이다.

새 '국어'를 설명할 때 반복되는 것은 상대방이나 장면에 '맞는'이라는 표현이다. "목적이나 장에 맞게 효과적으로" 등등이다. 요구되는 것은 상황에 대응하여 스스로를 그 때마다 바꿀 수 있는 한없는 유연성인데 그러나 이 경우 컨트롤할 대상이 되는 것은 언어의 틀, 이야기 수행의 틀만이 아니다. 틀을 중간에 놓고 한편으로는 발화 주체를 다른 한편으로는 언어활동의 장면을 함께 예측 가능하도록 기대되고 있기 때문이다. 주체와 장이 서로 통제 가능한 관계에 들어갈 때 말하는 주체들은 무엇보다 발화 장면 그 자체를 예측해야 할 틀로서 암묵간에 상정하게 된다. 새 '국어과'가 제창하는 상황언어학이란 발화 장면에서 상정 밖의 '타자'가 되지 않도록 처신하는 것을 화자에게 기대하면서 거기에서 더 나아가 발화의 장에서 예측불가능성, 타자성을 주도하게 말소할 것이다.

지도서는 '젊은이'에게 발견되는 '휴대전화의 방약무인한 사용'을 깊게 우려하는데, 아마도 그것은 휴대전화 자체(의료기기의 작동을 방해하는 등)를 비판하는 것이 아니다. 어떤 장면＝상황에서도 갑자기 나와 당신의 다른 장면을 발생시키고 마는 이 도구는, 새 '국어과'가 제창하는 상황언어학에 상징적인 위협이라고 해도 좋다. 전철 안에서 걸려온 전화를 받는다. 그리고 상대와의 세계에 들어가 주위의 승객과 함께 있는 세계 쪽을 절단한다. 물론 이것은 일반적인 의미에서는 민폐를 끼치는 사례이지만 그러나 어떤 의미에서 흥미롭다. 즉 하나의 장은 언제라도 금세 복수화될 수 있다는 것이다. 발화의 장면은 언제라도 통제 불가능해질 수 있으며 그 가능성을 전부 지울 수는 없다. 이것은 발화의 장면까지도 포괄하려고 하는 '국어'의 입장에서는 최대의 위협이 될 것이다. 그렇다면 휴대전화에 대한 불관용이 휴대전화 자체가 문제인 것은 아마도 아니다. 통제해야 할 장면 속에서 완전히 이질적인 상황이 갑자기 출현해버리는 것, 그 가능성이 '국어'를 위협하는 것이다.

앞에서 언급한 '21세기 일본의 구상'은 언어적 시민권을 정의했다. 즉 "공통의 언어와 문자를 갖지 않는 국민에 대해 국가는 민주적인 통치에 참가할 권리를 준비할 수 없다". 상황언어학을 이 정의에 접속시키면 '국민'은 의미론 레벨의 이해 이상으로, 결코 그 장면에 위협을 초래하는 일이 없는 처신을 요구 받는다. '구상'이 제안한 '통치'로서의 언어교육은 치안유지 기능을 갖는 것이라고 말할 수 있다.

3) 내셔널리즘의 통합 / 신자유주의의 분단

하나 더, 지도서는 염려한다. "지금 젊은이들의 일상생활에는 수다나 휴대폰 회화 등 사적 · 정서적인 회화가 넘쳐나고" "많은 고교 · 대학 교실에서는 수업 · 강의를 무시한 사적이 잡담이 난무한"다 라고. 교실에서의 사적인 잡담이란 이 역시 일반적인 의미에서는 민폐임이 틀림없지만 여기서는 일상회화를 다루는 내용이 '사적(私的)'인 것을 문제시하는 '국어'란 무엇인가를 오히려 묻고 싶다. '젊은이들'의 '사적'화를 위기로 인식할 때 '사적'의 대극에는 어떤 원리, 어떤 장이 상정되는 것일까? 그것은 '국어'가 대처해야 할 문제일까? '국어'가 대응함으로써 사고의 가능성을 미리 규제하는 것은 아닐까? 교육개혁 논의의 중추에는 이미 검토한 신자유주의적인 논조가 있었다. 사회적인 것의 후퇴와 개인의 상승을 촉구하는 이 개혁 논조는 그 당연한 귀결로서 주체의 〈사적화〉를 초래할 것이다. 그러나 한편 개혁 논의는 〈사적〉인 것을 혐오하고 봉사의 의무화 등을 창화하는 보수적인 논조도 존재한다. 논리적으로 상호수용 불가능한 논조가 역시 이 경우에도 한 세트로 등장한다. 그리고 보수주의의 주장에 공(公)에 대한 의식과 국가에 대한 의식을 젊은이에게 철저히 주입하라는 듯한 고압적인 톤의 울림이 있었음을 생각하면 더더욱, '사적'인 것을 염려하는 '국어'란 무엇인지 위구심을 갖게 된다. 단 국어과의 음성중심주의를 검토하는 시점에서 주시해야 할 것은 공(公)이나 국가라고 하는 주입해야 하는 내용만이 아니다. 그 이상으로 그 주입방법이다.

〈음성〉중점화의 신지도요령이 발표된 다음해라는 타이밍으로 『신체감각을 되찾는다 — 허리·배 문화의 재생(身体感覚を取り戻す — 腰·ハラ文化の再生)』[사이토 다카시(斎藤孝), 일본방송출판협회, 2000], 『소리 내어 읽고 싶은 일본어(声に出して読みたい日本語)』(사이토 다카시, 草思社, 2001) 등의 책이 베스트셀러가 되어, 소리·신체·일본문화라는 배치가 형성되었다. 『소리 내어 읽고 싶은 일본어』의 필자에 따르면 암송문화는 '형(型)의 문화'이며 암송함으로써 '신체에 심는'것이 가능하다고 한다. 아름다운 문장을 암송하는 것 자체에 관해서라면 나는 특별히 반대하지 않는다. 다만 형을 신체에 깊게 심는다는 컨셉에는 위화감을 느낀다. 사고과정을 고의로 말소하는 것 같다는 느낌을 지울 수 없기 때문이다. 하물며 그것이 내셔널리즘의 가치를 부여 받은 형이라면 그것에 대한 비판적 사고를 결여할 수는 없을 것이다. 국어교과서에 관해 지금까지 보아 온 음성의 중심화에도, 그 중심화와 맞바꾸어 내적사고의 언어가 주변으로 밀려나는 것이 아닐까하는 위구심이 당연히 따라다닌다. 장면에 대응하여 적절히 이야기할 수 있으며 동시에 내적 사고를

철저하게 결락시킨 주체라는 것은 생각만 해도 꺼림칙하다.

여기서 현실을 짚어 둘 필요가 있을 것 같다. 문자의 교육에서 음성의 교육으로. 이 '국어과'의 대선회에도 불구하고 적어도 수업 대책을 최대의 과제로 삼는 학교에서는 '국어 표현'을 우선하지 않고, 교과서보다도 부독본으로 채용한 참고서나 문제집을 사용하여 수업을 하고 있다고 한다. 학력자본의 환상이 해소되지 않고 아직도 우리는 그 역사 속에 있는 이상 수험에 부적절한 음성중심의 교육은 즉시 그 자체로 효력을 발휘하는 것은 아니다. 즉시 나타나는 것은 아마도 그 자체의 효과보다도 다음과 같은 파생효과 쪽이다.

파생적이라고는 해도 중대한 효과라고 생각된다. 그간 '여유교육'이란 이름 하에 학습내용이 삭감되고 그것이 역으로 사립학교 수험을 과열화하고 더 나아가 공립학교까지 포함시킨 경쟁에 박차를 가하게 되었다. 이와 동형의 사정이 '국어과'에서는 음성을 중심에 둔 학습내용 그 자체 안에 구조화되었다. 공교육이 수험에 도움이 되지 않을 것 같은 음성중심의 '국어'를 표준적인 학습내용으로 내세우면 표준 이상의 국어 훈련을 거쳐 수험에서 승자가 될 수 있는 층과 될 수 없는 층과의 양극으로 분리가 일어날 우려가 있다. 즉 수험대응이 아닌 음성중심의 국어는 '여유교육'과 마찬가지로 계급재생산의 장치, 격차확대 장치로서 기능하게 된다.

그렇게 되면 소리로 말하는 국어는 한쪽으로는 신국가주의적 통합을 진행하고, 다른 한쪽으로는 신자유주의적인 분단을 추진하고 있다. 즉 양자의 견고하고 유연한 결절점이 될 수 있는 것이다. 여기서 60년대 이래 혹은 더 이전부터 반복되어 온 논리를 기억하자. 경쟁과 선별의 논리가 첨예화하여 사회적 균열이 현재화할 경우 심각한 사회불안이 일어날 수 있다. 그래서 균열을 호도하기 위해 결합의 논리가 호출된다, 라는 세트이다. 경제와 교육이 접합하여 유능과 무능의 선별이 진행된 60년대에는 전전 회고로도 보일 우려가 있는 교육보수화가 동시적으로 진행되었다. 80년대의 교육자유화 논의 때는 자유화와 논리적으로는 상호수용 불가능한 통합의 논리, 즉 일본문화와 일본인의 자각을 촉구하는 교육이 제창되었다. 그리고 신자유주의 개혁의 심화에 의해 총중류사회 환상이 사라지고 일본사회에서도 마침내 계층 간 격차가 뚜렷하게 사회문제화하기에 이르렀는데 이때 졸업식·입학식에서의 국기·국가의 강제를 필두로 교육의 장에 내셔널리즘이 강경하게 도입되었다. 국가는 사람의 분단을 진행하며 동시에 강력하게 통합하려고 한다. 같은 정부가 분단과 통합을 동시에 진행한다고 하는 것은 논리적 일관성이 결여된다 등의 비판은 비판으로기능하지 않을 수 있다. 애당초 정부는 정책의 일관성 따위에는 집착하지 않은 것 같고, 굳이 사상 레벨에서 말한다면 관철시켜야할 논리 따위를 갖지 않는 '유연성'이야말로 신자유주의의 신자유주의다운 본질이라고 보아야 할지도 모른다. 그 장에 맞추어 무한히 변화하지 않은 자는 시대의 속도에 의해 떨쳐진다 해도 역시자신의 책임이다.

4) 새로운 주체화의 통로

여기서 음성중심화의 보다 장기적인 효과를 예측해 둘 필요가 있다. 국어교과서는 각 시대마다 그 시대에 맞는 교재를 통하여 권장하는 주체 모델을 제시해 왔다. 그러나 음성이라는 미디어가 전경화함에 따라 주체의 모델에도 발본적인 재편이 일어나리라 생각된다. 음성은 '교육개혁'의 하나의 기둥인 '절대평가'라는 표상형식과 지극히 잘 어울린다. 지도서에 따르면 음성언어는 "바로 사라져 버려 교사가 학생 개개의 실태를 파악하기 어렵다", 하지만 그런 만큼 "상호평가·자기평가를 살려 학생 자신의 자기평가 능력을 육성해 가는" 데 이어지기 쉽다. 즉 이전의 교육에서는 약점이었던 점이 여기서는 이점으로 전화한다는 것이다. 그리고 그 이점이 새로 설정된 주체화의 수로에 정확하게 대응하는 것이다.

예전과 같이 일률적인 기준에 비추어 자신을 가늠하거나 혹은 집단 속에서 자신의 상대적인 위치를 가늠하거나 하는 것이 아니다. 요구되는 것은 '자기평가', 즉 "스스로의 학습과정을 돌아보고 새로운 자신의 목표나 과제를 가지고 학습"하는 자세로, 즉 자신에 대한 시각을 내장시킨 반성적·자기재귀적(自己再歸的) 주체를 구축하는 일이다 그런 의미에서 교사가 외부에서 평가하는 것은 어렵고 자기평가에 의지할 수밖에 없는 음성언어교육은 재귀적 주체를 이미지함에 있어 또 그런 주체로 스스로를 생성하는 데 있어 지극히 유효한 것이다.

자신에 의한 자기개선을 위한 피드백 회로의 형성에 새로운 '국어과'의 〈음성중심주의〉는 정확하게 대응한다. 자기교육의 주체는 거기까지 달성하면 일단 끝이라는 목표기준을 상실한다. 스스로 스스로의 목소리를 들으면서 스스로를 평가한다. 이 끝없는 자기평가 과정에서 주체는 스스로를 반복하여 재성형한다. 반복연습이 장려되는데 그것은 반복되어야 하는 형(型) 그 자체의 갱신을 포함하는, 한없는 '평생학습' 과정이 되는 것이다. 형이라고 해도 더 이상 국민적인 명문을 소리 내어 읽으면 된다는 것은 아니다. 형과 그 반복연습이라는 개념 그 자체가 쇄신되었다. 이런 새로운 주체, 새로운 자기는 어디까지 가도 끝이 보이지 않을 것 같다. 그것을 상상하면 피로감을 느끼지 않을 수 없다.

자신 속에 내재하는 기준으로 자신을 바라본다. 안으로 향하는 나선(螺旋)은 그 원을 자기 속에 가두므로 개인화하여 밖을 갖지 않는다. 이것은, 전후 교과서에서 사라진 지 오랜 말이지만 '역사'도 '사회'도 갖지 않는 주체의 완성형이라 해야 한다. 얼마나 멀리까지 전후의 국어교과서는 온 것인가!

5) 언설편제의 문제

하지만 단기적 효과, 파생 효과뿐만 아니라 '국어' 개혁의 본질적인 의미를 생각해 둘 필요가 있다. 〈음성〉의 전경화에는 어떤 사상적 함의가 있을까?

문자에서 음성, 나아가 소리, 몸짓, 표정 등등 신체, 발화의 장면으로. 교육은 특정한 미디어를 선택하여 언어활동의 환경을 규제한다. 그리고 민간부문에서 발신된 다른 여러 이념과의 교류를 통해 일정한 실천분야를 재편해 간다. 언어활동을 어떻게 정의하는 가는 푸코가 말하는 의미로는 언설편제의 문제이다. 그리고 현재, 그것이 크게 바뀌려고 한다. 지도요령의 지도하에 일어나는 변화라고는 해도, 또 그것이 어떤 효과를 낳을지 충분히 예측할 수 없다고 해도, 게다가 그다지 좋은 효과는 가져올 것 같지는 도저히 생각되지 않는다고 해도, 역시 언설의 편제는 끊임없이 바뀔 수 있다. 그것에 대해 우선 놀랄 필요가 있다.

언설편제가 바뀔 때 안 보이던 것이 보이기고 하고 사라져 버리기도 한다. 푸코의『말과 사물』은 19세기의 임상의학 문헌분석을 통하여, 한 시기에 일정 제도 안에 있으면 인간의 신체에서 일어나는 어떤 종류의 생리현상이 가시화되기도 하고 보이지 않게 되기도 한다는 논점을 논의 가능하게 함으로써 사상사에 완전히 새로운 스타일을 창출했다. 새 학습지도요령은 '표현' '이해'라는 영역구성에서 뒤쪽에 밀려나 있었던 〈음성〉을 밝은 데로 꺼내어 이미디어를 선택하는 데에 지도성을 발휘했는데, 그것은 바로 이런 의미에서 언설편제의 차원에 관계되며 사고를 가능하게도 하고 불가능하게도 하는 조건 그 자체에 관계한다.

새 '국어과'의 지침은 적어도 일정 기간 우리의 발화행위의 장면을 규제할 것이다. 유연하고 아름다운 일본어의 사용자가 되도록, 그리고 발화의 장면에 상정외의 타자성을 반입하지 않도록, 끝없는 자기 성형에 의욕적이 되도록, 다양한 실천분야가 재편되고 있다.

하지만 새로운 제도화를 향한 욕망은 동시에 또 다른 것을 고하고 있는 것은 아닐까? 말하는 주체의 신체성과 발화의 문맥이 제도화되어 즉 규제해야 하는 영역으로 재발견되었다. 역으로 말한다면 이런 제도화를 향한 욕망은 언어는 이질적인 문맥에 대해 늘 열려 있다는 것, 완전히 제도화하지 못한 채 여기까지 왔다는 것을 역으로 표명하고 있다. 말이란 하나의 구체적인 장면을 떠나 다른 장면에서 반복될 수 있다. 필연적으로 이 반복은, 자기교육과 규칙화가 가능한 장면에서 넘쳐흘러 다른 장면을 발생시켜 갈 것이다. 발화의 장에 이질적인 것이 갑자기 나타나는 것에 위협을 느끼는 '국어과'의 톤과는 상관없이 말은 다른 것을 계속해서 형성할 수밖에 없다. 컨텍스트의 언어학을 도입한 '국어과'는 그 자신의 의도를 넘어 말을 둘러싼 항쟁의 가능성을 열고 말 것이다. 거기에는 '소세키'의 『마음』을 '독해'하는 것 이상의 무언가가 초래될지도 모른다. 다른 것의 등장과 동시에 말에 윤리와 책임의 차원이 생길지도 모른다. 목소리는 규제된다. 하지만 목소리는 지금 여기라는 한 장면을 언제든지 분할하고 있다. 국어교과서의 전후사에 속하는 지금을 그다지 낙천적으로 읽을 수는 없지만 적어도 역사에서 지혜를 빌릴 수 있는 우리이기에 무엇이 필요한지 정도는 알 수 있다. 자기의 고리(loop)를 닫아서는 안 된다. 자기교육에 분주한 나머지 자기 외부의 것을 시야에서 밀어내고 고립하는 일이 있어서는 안 된다, 라는 것이다.

후기

　전후 초기의 민주화, 피점령 경험과 '독립', 전후 내셔널리즘의 우여곡절, 고도성장정책과 기업사회화, 세계화와 내셔널리즘의 재이용, 신자유주의적인 주체 모델 —. 종전에서 현재에 이르기까지 시대마다 교체되며 등장한 많은 논점을 한번 통시적으로 생각해보고 싶다. 그런 중기 목표적인 '꿈'을 오랫동안 품어 왔다. 시론이기는 하지만 본서가 이런 형태를 갖추게 된 것을 우선 기쁘게 생각한다.

　그렇다고는 하나 그것이 처음부터 실현 불가능한 꿈이며 형태를 갖추어도 여전히 꿈인 채로 있다고도 할 수 있다. 그것은 물론 나에게 통사를 구성할 역량이 없기 때문이지만 그것만은 아니다. 상당한 역량, 근면, 그 외의 덕목을 갖추고 있다고 해도 60년간의 시간은 너무나 길고 중층적이기 때문에 적절히 심플한 스토리를 주지 않는 한, 하나의 형태로 가시화할 수는 없을 것이라 생각되었다. 만일 하나의 스토리 안에 밀어 넣었다고 해도 그와 동시에 방대한 노이즈를 지우게 될 것이다. 60년간의 논점의 연결은 그때 거짓이 되고 말 것이다. 그렇다면 어찌 되었든 꿈이다.

　그러나 그 꿈을 품고 있는 동안에 국어교과서라는 장이 보이게 되었다. 언어·문학·언설편제와 신체화가 얽히는 주체화의 문제들, 정치 · 경제 · 제도의 문제들, 사회사상의 문제들, 서로 다른 여러 영역들이 교차하는 장으로서 국어교과서를 읽을 수 있겠다고 생각하게 되었다. 국어는 각 시대의 '문제'를 직접적으로 반영하고, 혹은 무엇을 '문제'로 삼아야 할 것인가를 지시하며, 미래를 어떻게 이미지해야 할 것인가에 관한 이미지를 보급시키는 장이었다. 당초의 꿈은, 사회적 언설의 축도와도 같은 이 장에 끌어당겨지고 동시에 나 자신의 관심에 끌어당겨져 변화했다. 따라서 꿈은 실현된 것은 아니나 좌절한 것도 아니다. 다만 교과서라는 장에 한정지어도 역시 방대한 소음을 지우지 않을 수 없었다. 굵은 변용의 선을 부각시키는 것을 목적으로 삼았기 때문이다. 실제로 인용하고 싶었던 문장의 3분의 2 정도는 잘라 버렸고 전전 · 전중에 관련된 부분도 잘라 버려 전체적으로는 초고의 절반 정도의 분량이 되었다. 미련을 남기는 듯하나 매우 유감이다.

10년쯤 전 근대문학사의 역사적 변화를 조사할 목적으로 전후 국어교과서를 대강 조사한 일이 있다. 이 책의 첫 계기가 10년이나 전으로 거슬러 올라간다고 생각하면 감개가 깊은데 실은 그 사실을 나도 잊고 있었다. 그 계기가 이 책에 약간의 바이어스를 주고 있다. 우선, 당초의 관심이 문학사적 언설에 있었다는 점이다. 때문에 어느 시기까지 문학사적인 글을 풍부하게 교재로 실었던 고교 국어를 다루게 되었다. 교육사에 포인트를 둔다면 의무교육인 중학 국어를 다루는 것이 유효했을지도 모른다. 하지만 문학적 언설의 확대를 도입함으로써 교육에 한정되지 않는 영역을 다룰 수가 있기 때문에 그대로 고교 국어에 머무르기로 했다. 또 몇몇

출판사의 교과서를 보았지만 여기 실제로 인용한 것은 주로 산세이도의 각종 국어교과서이다. 이 출판사는 전후 초기부터 복수 종류의 국어교과서를 만들어 왔고 특히 언어·문학 2분책 형식의 교과서 등 흥미로운 시도가 있기 때문이다. 그리고 10년 전 시점에서는 나는 '교육개혁'의 문제들, 즉 신자유주의의 문제들에 별다른 관심을 갖지 않았다. 문제의 중대사를 이해한 것은 어이없게도 훨씬 뒤의 일이었다.

이상 본서 성립의 우여곡절을 적었는데 망막한 꿈에 말과 사회라는 문제의식을 가져다준 것은 게이소쇼보(勁草書房) 편집부의 도이 미치코(土井美智子) 씨이다. 더구나 방향이 잡히지 않는 우여곡절 속에 초초해하면서도 참아주고 항상 첫 독자로서 궤도수정을 도와주셨다. 물론 문장의 불완전함, 그 책임은 나에게 있지만 도이 씨의 적확한 조언과 인내와 편집센스가 없었다면 이 책은 도저히 완성되지 않았다.

그리고 이 책의 배후에는 나의 모친, 즉 나에게 역사적 타자를 체현하는 존재가 있다. 그녀에게 나쓰메 소세키는 『풀베개』이고 『우미인초』이다. 그녀는 또 『도손 시집』의 서문도 암송한다. 왜일까 라는 생각을 하면서 문학사 그 자체의 역사에 관심을 가지고 되었고, 세대나 역사적 체험의 차이를 지닌 채로 나누는 대화라는 테마의 소박한 원형을 얻었다.

전술한 바와 같이 너무나도 많은 교재에 관해 언급하지를 못했다. 그 중에는 지면 수 때문이 아니라 다룰 수가 없는 글도 있었다.

『신판 현대 국어 1』에는 오키나와(沖縄)의 시인 야마노쿠치 바쿠(山之口獏 1903-1963)의 '누이에게 보내는 편지(妹へおくる手紙)', 다니카와 겐이치(谷川健一 1921-2013)의 기행문 '요나구니시마 여행(与那国島の旅)'이 수록되어 있다. 이 교과서의 검정은 1972년, 그때까지 샌프란시스코강화조약에 의해 일본으로부터 분리, 분단되어 미군의 지배하에 있었던 오키나와의 시정권이 이 해에 일본에 반환되었다. 그 타이밍을 고려한 것으로 추측되는데 국어교과서도 오키나와에 연관된 글을 취급한 것이라 생각된다. 미국 지배하에서 오키나와는 일본 본토의 '전후'와는 다른 역사를 걸었다. 본서가 국어라는 시점에서 조명한 전후사의 시도라고 하여도 그것은 일본 본토에 주축을 둔 '전후'일 뿐이다. 따라서 72년이라는 시점에 교과서에 등장한 이들 교재는 본서가 취급하는 역사의 일부라고 해야 할지, 그 자체의 내부적 비평이라 해야 할지, 나 자신 판단을 내릴 수 없어 결국 본문에 편입시킬 수 없었다. 그러나 다른 많은 교재와 같은 차원에서 묵살할 수도 없었다.

야마노쿠치 바쿠는 1903년 나하(那覇)에서 태어나 다이쇼 말에 상경, 그 후 주로 도쿄에서 생활했다. '누이에게 보내는 편지'의 내용은 오키나와의 누이로부터 인편으로 편지가 와서 그에 답장을 쓴다는 내용이다. "오라버니는 반드시 성공하실 것으로 믿고 있습니다"라고 써 보낸 누이에게 무엇이라 답을 쓰면 좋을지. 곤혹스러움이 다음의 시가 되었다. 당시 이 시인은 방랑 생활자였고 '가난'했다.

이 오빠는

성공하든 못 하든 결혼이라도 하고 싶습니다.

그렇게는 쓸 수가 없습니다.

동경에서 오빠는 개처럼 궁색한 얼굴을 하고 있습니다

그렇게도 쓸 수가 없습니다.

오빠는 주소가 없습니다.

라고는 더더욱 못 씁니다.

사실대로는 아무것도 쓸 수가 없어

문책을 당하는 듯 옴짝달싹도 할 수 없어 온 힘을 다해

간신히 썼습니다.

모두 잘 있니?

라고 썼습니다.

　한편 다니카와 겐이치의 기행문은, 오키나와 반환 이전에 '일본의 서쪽 끝 국경의 섬' 요나구니섬을 방문한 때의 인상을 소재로 하여, 가혹한 인두세로 고통을 당한 이 섬에 전해지는 '돈구다(人升田)' 전설, '구부라바리'에 관한 것, 인두세 없는 환상의 섬을 사람들이 믿고 있었던 것 등을 언급한다. 일본의 최서단인 요나구니는 지도에서 보면 바로 서쪽에 타이완이 있어서 이시가키(石垣)섬이나 오키나와 섬이 도리어 더 멀다. 고도에서 사는 사람들의 생활감정, 사람들이 여행자에게 작별 인사를 할 때 "또 오십시오"라는 재회의 말은 절대로 하지 않는다는 사실, 여행자가 여러 번 이 고도를 찾아오는 일은 없다는 것을 잘 알고 있는 사람들의 무언(無言)을 인상적으로 전하

며 또 섬의 사람들의 '조국복귀운동'에 대해서도 언급한다.

65년에 전후 수상으로 처음 오키나와를 방문한 사토 에이사쿠(佐藤英作 1901-1975)는 "오키나와의 조국복귀가 실현되지 않는 한 일본의 전후는 끝나지 않는다"라고 말했다. 일본정부로서 자국영토가 미국 지배하에 있는 것은 영예로운 일이 아니며 그런 의미에서 오키나와 반환은 일본정부의 비원(悲願)이었다. 한편 오키나와에서의 복귀운동의 격앙은 제2차 대전의 가혹한 지상전의 역사적 체험을 기반으로 한다. 즉 헌법 9조를 갖는 일본으로의 '반전복귀(反戰復歸)'의 의미를 갖는 것이었고 그 점에서 본토는 오키나와가 진심으로 복귀하고 싶은 본토가 아니면 안 된다고 하는, 말하자면 제언이며 요청인 복귀이다. 섬사람들의 생각과 일본정부의 프로그램, 각각 역사적 경위가 다른 행위자의 심정을 길어올리듯이 72년에 오키나와 반환이 실현되고 같은 해의 교과서에 이런 교재가 등장하게 된다.

그러나 이 전후의 오키나와에는 교재에 있는 '조국복귀운동'에 머무르지 않는 논의도 존재했다. 미일정부 간에 오키나와 반환의 합의가 확정될 무렵, 당면하는 시사적 문제로서 복귀의 의의를 다시 묻게 되는데 오키나와의 내부동화지향을 검증하는 반복귀론, 나아가 국가귀속 그 자체에 항거하는 주체를 구상한 반국가론의 사상이 출현한다. 이런 논의는 72년의 교과서 지면에는 존재하지 않기 때문에 여기서 주목해 두고자 한다. 이후도 사회적, 정치적인 문제에 직면할 때마다 오키나와에서는 독립, 자립을 둘러싼 논의가 심화되고 논쟁적이며 성찰적인 사상의 말들이 교환되는 장이 확장되었다.

본서의 서두에 국어교과서는 언어적 주체와 사회와의 관계를 공적으로 정의한다고 썼다. 공식적인 것의 고도의 가시성은 경시할 수 없다. 하지만 거듭 말하지만 그것은 어디까지나 공식 레벨의 정의이며, 오히려 그 정의를 다시 묻고 다시 정의하는 다양하고 다층적인 가능성은 얼마든지 존재할 수 있으며 실제로 존재한다. 국어가 조명하는 전후란, 이런 의미에서 극히 한정적인 표층의 '전후'에 지나지 않는다. 그렇다고는 하지만 교과서의 여백에도 술렁이는 역사의 목소리가 들리지 않는 것은 아니다. 본서에서 살펴보았듯이 교과서란 편집의 산물이며 교재와 교재 사이에 만들어지는 여백이야말로 오히려 웅변하게 글의 방향을 지시하고 있었다. 하지만 글이 글이기 때문에 편집방침으로서의 여백이 아닌 다른 여백, 여백의 여백에서 넘쳐 나오며 술렁대는 목소리를 지울 수는 없다.

78년 검정 『새 국어 1』에는 야마노쿠치 바쿠의 '나의 청년시절(私の青年時代)'이라는 자전적인 산문이 실려 있다. 오키나와에서 소년기를 지내고 이윽고 상경하여 '누이에게 보내는 편지'에서 볼 수 있는 방랑생활을 보낸 청년시절을 쓰고, 마지막에 '회화'라는 시를 하나 곁들인 글이다. 그 글 속에 "나는 예전에(다이쇼 12년) 간사이(関西)의 한 공장 문에 붙은 견습공 모집광고에서 "단 조선인과 류쿠인은 사절"이라고 적힌 것을 발견했다"라는 문장이 있다.

괄호 안에 다이쇼(大正) 12년이라는 년도가 기입되어 있는데 이 해 1923년은 관동대지진이 일어난 해이다. 연보에 의하면 그 전년에 상경한 야마노쿠치 바쿠는 하숙집에서 야간도주를 하는가 하면 신세지겠다고 기어들어간 선배 하숙집에서도 또 쫓겨나며 고

마고메(駒込)에서 대지진을 겪는다. 지진이 일어나자 바쿠는 일단 오키나와로 돌아가는데 아마도 그 귀도(歸途)에서 본 것일 것이다. "조선인과 류쿠인"을 같이 묶어 배제하는 문전광고를 본다.

재일조선인에 대한 학대, 학살 중에서도 가장 큰 규모의 사건이 관동대지진 때의 6천여 명 학살이었다. 지진이 일어나자 내무성 경보국은 방화, 그 외의 불량한 목적을 수행하려고 하는 '조선인'을 엄히 단속한다는 취지의 지시를 내렸다. 일부 신문도 같은 내용을 보도했다. 날조된 '조선인 폭동'의 루머가 확산되는 가운데 군대, 경관뿐만이 아니라 '자경단(自警團)'의 손에 의해서도 무권리상태에 있던 재일조선인이 학살되었다. 그리고 이 때 길을 가던 사람 중 조선인을 골라내는 기준이 된 것이 '국어'였고 '주-고엥고줏쎈(十五円五十銭)'이라는 말을 하게 하여 잘 발음하지 못하는 사람이 '조선인'으로 간주되었다. 이 때 중국인이나 '류쿠인' 가운데도 역시 '국어'로 선별되어 생명의 위험에 노출된 사람들이 적지 않게 존재했다.

교재가 된 '나의 청년시절' 속에 관동대지진과 관련된 사항으로 적혀 있는 것은 재해를 입어 오키나와로 돌아간 일 정도이다. 하지만 '야숙(野宿)'이라는 다른 글에는, "사회주의자는 모조리 경찰에 끌려갔다 라든가, 또 아라카와 쪽에서부터 조선인의 대군(大群)이 동경을 향해 오고 있다 라든가, 우물엔 죄다 독이 뿌려졌다" 등등 소동이 있었다는 것이 적혀 있고 게다가 바쿠 자신이 순사에게 길에서 붙들려갔다는 사실도 적고 있다. 취조를 받은 바쿠는 머리는 길렀지만 자신은 사회주의자가 아니라 시인이라고 주장했고 혐의가 풀리자 이전에는 "(사회)주의자가 아니라는 증명서를 써달

라고 순사에게 부탁했다고 한다(순사는 마지못해 증명서를 쓰고 고마고메 경찰서의 각인을 눌렀다). 또 다른 글 '여름용 일야(夏向きの一夜)'는 왠지 바쿠가 밤은 물론 낮에도 빈번하게 경관에게 수하(誰何)를 당했다는 내용이다. 아무래도 바쿠의 겉모습이 "소위, 룸펜"와 비슷했기 때문이라고 한다. "(전략) 특별히 가혹한 일을 당한 적도 없고 유치장을 경험한 것도 아니었다. 하지만 언제 어떤 오해를 받아 어떤 가혹한 일을 당하게 될지, 그렇지 않다고 보장할 수 없는 것 같은 그런 일말의 불안이 나에게는 있었던 것이다." 이 글에서는 사토 하루오(佐藤春生 1892-1964)가 "야마노우치 군은 성품 온량" 운운의 '증명서'를 써주어, 이 증명서 덕택에 안심하고 거리에 나다닐 수 있었다, 라고 쓰고 있다.

"던 것이다"라는 정직한 문체가 푸근한 유머로 전환되는 바쿠의 글의 여백에서, 때로, 유머와는 이질적인 무언가가, 이성 없는 폭력이 적의를 드러내며 분출하는 예감, 그 직전의 공기를 피부로 감지해 버릴 때의 그 예감이 흘러넘치고 있다고 생각이 된다. 그러한 무언가를 안에 숨긴 여백은— 여백에 술렁이고 있는 불길한 두근거림 같은 것은, 교재가 된 문면의 여기저기에서도 찾아볼 수 있다. 여백을, 감지할 수 있는가 없는가. 국어를 읽으면서 국어에 대항하며 읽는다, 그 자세가 국어의 교과서로 자란 경험을 갖는 우리에게 요구되는 일일 것이다.

2006년 2월
사토 이즈미(佐藤 泉)

역자 후기

베네딕트 앤더슨의 '상상의 공동체' 이후 '국어'라는 것이 '우리' 의식을 배양하여 '국민'을 성립시키는 매개임은 자명한 사실이 되었다. 국민이 미디어를 통해 세계를 이해하고 동일 언어 사용자를 같은 국민으로 상상하고 다른 언어로는 완전하게 번역 불가능한 '우리'라는 의식을 갖게 된다고 할 때의 그 미디어로 국어교과서 또한 강력하게 기능한다.

본 역서는 게이소쇼보(勁草書房)에서 '시리즈 말과 사회(シリーズ言葉と社会) 4'로 출간된 사토 이즈미(佐藤泉) 저 『国語教科書の戦後史ー言葉と社会』(2006)를 완역한 책이다. 역자는 근년 일본의 교육이 지향하는 일본인상을 들여다보는 통로로서 일본 국어교과서에 대한 관심을 갖고 연구를 진행하던 중 이 책을 만났다. 역자가 연구한 바로는 현재의 일본의 초등학교 국어교과서ー최대의 채택률을 점하는 미쓰무라도서출판(光村図書出版) 교과서에는 자연과 인간의 관계에 최대의 관심이 할애되어 있다. 인간의 이기심을 조용히 질타하고 자연과의 공생을 꿈꾸는 애니미즘의 상상력이 분출하고 있다. 그러나 이 책의 저자도 푸코의 『말과 사물』을 언급하며 우려하고 있듯이 한 시대의 일정 제도 안에서 무언가가 가시

화된다는 것은 무언가가 보이지 않게 된다는 것일 수 있다. 생태 도덕적 가치관이 전경화하며 보이지 않게 되는 것은 무엇일까? 그것을 찾는 작업은 다른 나라와의 비교를 통하여서도 가능하며 다른 시대와의 비교를 통하여서도 가능하다고 생각한다. 대상 텍스트는 다르지만 이에 대한 시사를 이 책은 준다고 생각한다.

체제에 몇 가지 변화를 주었다. 원서에는 주가 없지만 본서에서는 가독성을 위해 원서 본문의 괄호 속 내용을 주로 처리하거나 필요에 따라 이해를 돕기 위해 역자 주를 달았다. 인명은 한국어 발음표기로 기재한 후 원어를 병기하였고 생몰년도 원서에는 없지만 참고가 되도록 추가하였다. 작품명도 가능한 한 원제목을 병기하고자 했다. 색인 역시 역자에 의한다.

끝으로 출판을 맡아주신 윤석현 사장님과 세심하게 작업을 해주신 박인려 책임편집자에게 감사를 표한다.

색인

작가 색인

작품, 교재, 논문, 저서 색인 ────────

- 색인 항목의 『 』는 문학작품이 아닌 저서임을, 「 」는 논문임을 나타낸다.

사항 색인

저자 **사토 이즈미**(佐藤泉)

1963년 도치기(栃木)현 아시카가(足利)시 출생. 1995년 와세다(早稲田)대학 대학원 문학연구과 박사과정 수료. 현재 아오야마가쿠인(青山学院)대학 문학부교수, 문학박사.
저서로는 『소세키―정리되지 않은 〈현대〉』(NHK 출판) 『전후 비평의 메타 히스토리―현대를 기억하는 장소』(이와나미 서점) 『1950년대, 비평의 정치학』(중앙공론신사) 『타향의 일본어』(공편저, 사회평론사) 등이 있다.

역자 **신지숙**

1962년생. 한국외국어대학교 일본어과 졸업. 동대학원 일본어과에서 문학 석사학위를 취득하고, 일본문부과학성 국비장학생으로 오사카대학 대학원 문학연구과에서 문학 석, 박사 학위를 취득. 현 계명대학교 인문국제학대학 외국어문학부 일본어문학전공 부교수. 일본근현대문학 전공.

저역서 : 『애니미즘의 상상력―일본 초등 국어교과서 연구』, 제이앤씨, 2017
　　　　신지숙 외, 『외국 국어교과서로 창의적 문화읽기』, 제이앤씨, 2017
　　　　마에다 아이, 신지숙 역, 『문학 텍스트 입문』, 제이앤씨, 2010
논　문 : 「일본 초등학교 국어교과서 문학 공간 속의 젠더 이미지」, 『일본연구』 68호, 2016; 「라후카디오 한(Hearn, Lafcadio) 「雪女」와 마쓰타니 미요코(松谷みよ子) 「雪女」 수용으로 본 문학텍스트 수용과 사회문화적 토양의 관계」, 『일본연구』 65호, 한국외국어대학교 일본연구소, 2015; 「오에 겐자부로 (大江健三郎) 「사육」론―애니미즘의 수사법」, 『일본언어문화』, 2009.4; 「나쓰메 소세키 「열흘 밤의 꿈(夢十夜)」 「第三夜」論―이즈미 교카(泉鏡花) 「龍潭譚」과 관련하여」, 『일어일문학연구』, 2008.5; 「아리시마 다케오 『미로』론―욕망의 낯설게 하기」, 『일어일문학연구』, 2007.5; 「미우라 아야코(三浦綾子) 『続氷点』論」, 『일본어문학』, 2006.5

일본 국어교과서의 전후사

초판인쇄 2018년 6월 20일
초판발행 2018년 6월 30일

저　　자 사토 이즈미
역　　자 신지숙
발 행 인 윤석현
등록번호 제7-220호
발 행 처 제이앤씨
　　　　　　address: 서울시 도봉구 우이천로 353 성주빌딩 3F
　　　　　　Tel: (02) 992-3253(대)　　　Fax: (02) 991-1285
　　　　　　Email: jncbook@daum.net　　Web: http://jncbms.co.kr
책임편집 박인려

ISBN 979-11-5917-110-9 (93910)　　　　　　　　정가 15,000원